自　序

　　鲁迅先生是我的"幼儿学"，或曰童子功。幼儿园看鲁迅小说连环画，记住了闰土。小学二年级，始看先生的文字，似懂非懂，但隐隐约约觉得里边有东西；念初中，看鲁迅的诗和书法颇有感觉了；高中，读一系列鲁迅的小册子，先生的文字风格牢牢把我吸引住，使我十余年动弹不得。后来阅读广泛了，渐渐动弹开来，摆脱了文本影响带来的焦虑。

　　鲁迅的文章是断想式的，洞见式的。本书以持续喷发的哲思，配他的断想。

　　本书围绕鲁迅，展开多个方向的当下之追问：生活追问，技术追问，文化追问。其中也包括针对鲁迅本人的追问。

　　对于创造性的人物，唯有创造性的思维方能深入，深挖，深描。

　　鲁迅先生既是本书的传主，又是我的思维弹射器。

　　海德格尔环环相扣的生存阐释，似乎可以针对古今中外任何人。我读张汝伦的《〈存在与时间〉释义》，半天读几页就不错了，真让我领教了什么叫文字的密度、思想的精度、视野的开阔度、目光的细腻度。海氏说过："哲学讲德语。"我辈汉语思维者，能从中领悟一些什么呢？爬西哲之山三十余年，永远不知道山的高度，回望山下，有些蹦蹦跳跳的小感悟而已。

把哲学带向文学，带向日常生活之领悟。"带向"是在不知不觉间发生的。哲思先于哲学，爱智慧是天然现象，五六岁或更早就萌芽了。前现象学的领悟乃是现象学的基础。

海氏尝言："人活着，总会有某种哲思。"

海氏名言："追问乃是思之虔诚。"

旧话重提：读哲学，读了就忘了；忘了可能就记住了。

是为序。

刘小川

2022 年 7 月 15 日，眉山

目录

刘小川

鲁迅传

作家能称思想家的，唯有鲁迅。

鲁迅先生是绍兴人，初名樟寿，字豫山、豫才，后来改名周树人。先生生于 1881 年，有两个弟弟，周作人和周建人。周氏三兄弟都是 20 世纪颇有影响力的人物。本文兼写周作人，给关注周作人的读者做一个交代。

精装本《鲁迅全集》十六卷，我是 1981 年买的，大抵因是枕边书，搬家从来不嫌重。先前读他的若干本小册子，如《呐喊》《热风》《三闲集》《故事新编》《且介亭杂文》之类，当时我十五六岁，去哥哥下乡的知青点玩。上山下乡的知青们，读鲁迅成风。哥哥练书法，写鲁迅的诗。后来我也读 20 世纪二三十年代其他作家的书，总的印象是：他们的汉语艺术与鲁迅有不小的距离。像沈从文的小说，语言一般，不及他的散文，我不知道美国的夏志清为何那么捧他。郁达夫的小说，才子气过了。郭沫若浪漫、巴金深情、茅盾深刻、丁玲泼辣干脆、老舍冷幽默、冰心温暖、张恨水至柔、林语堂潇洒风流……他们的思维穿透力不及鲁迅。

衡量一个作家，看两种力：穿透力和表现力。

20世纪80年代，我转向了哲学，这一转就是三十余年。尤其转向来到汉语中的德国大师海德格尔，以哲学角度反观鲁迅，发现了更多。我不懂外语，多年来很惭愧，现在为此颇庆幸：原来我集中了精力，节约了时间。北京大学出版社的一位编辑提醒我：不懂外语更好！我恍然大悟。

这个话题容后谈。

绍兴是著名水乡，山不高，到处绿水环绕。山山水水的名字韵味足。鱼米之乡，才子佳人之乡，却不乏金刚怒目式的人物。王羲之就是刚烈型的；陆游是战士，亲手杀猛虎。秋瑾、徐锡麟，张承志老师重墨写过。

2004年，我去绍兴，鲁迅纪念馆的杨春女士讲鲁迅先生，真让我听入迷了。前年去，新导游重点讲鲁迅家如何有钱。百草园主要种南瓜，如果南瓜一直挤占百草园，我就不会再去了。南瓜给我留下了坏印象，这是唯一的一次，却是在绍兴——先生的家园。

1881年9月25日，先生诞生。

林贤治《人间鲁迅》："按照当地的习俗，孩子出生以后，必须先尝五种东西：醋，盐，黄连，钩藤，糖；依次尝遍了不同的几种味道，领受过小小一点刺激以后，才将奶汁送进嘴里。这样，待孩子渐渐壮大起来，便有能力去应付未来的复杂的人生了。"

这一天接近观音菩萨的生日。南海观音手托净瓶救苦救难，鲁迅先生手握一支笔。

小鲁迅的祖父在北京做官。父亲沉默寡言，嗜酒；怀才不遇，屡考不第，动不动就发脾气。家里的妇人们却是亲近的、亲切的，比如祖母、母亲和保姆长妈妈。

祖母特别会讲故事，"又幽默，古老的传说只要经过她的叙述，就变得非常的生动迷人"。祖母讲"水浸金山"，雷峰塔就压在了小孙儿的心头。

先生的母亲鲁瑞读过私塾，自学不倦，爱看小说、爱听戏，常邀约族人看平调艺人的演出。外婆家在三十多里外的安桥头，母亲带他去，舟行或是远足。这使我想起小时候跟着妈妈，远走眉山县永寿镇的外婆家，二十里细沙路，过一条大河，草木虫鱼逼入眼帘，触感植入稚嫩的肌肤。几乎是一路翻跟斗翻进了外婆家，又蹦跳嬉戏去乡下的二姑家，七八个"宝宝"（表兄弟）伙起要安逸。走夜路雄赳赳。艳阳下野花纷披，麦子新绿，风吹草低……

《人间鲁迅》："划船，看戏，放牛，钓虾，捉鱼，摘罗汉豆，看煮盐和观潮……在群体中，小樟寿懂得什么叫友谊了。"

成群结队、高高矮矮的孩子，每日疯进一头疯出一头。每一种游戏都是民间自发的，经过了数百年的优胜劣汰。自发生自主：生活方式的自主。

"安桥头的迎神赛会，实在太热闹了……在看戏的夜晚，深深感受到那诗一样的氛围：朦胧的月色，白篷船，潺潺的水声，豆麦和水草夹杂的清香，远处的灯火和隐约的歌吹。"

月黑天走夜路，夜色比墨稠，似乎整个黑暗宇宙悬在头顶上。神秘是无限的。神秘启人深思。今天的人们特别需要明白：人类在宇宙中永远微不足道；就宇宙而言，一切人类科技都是小打小闹。科技对生活世界倒是遮蔽太多。技术把自然规定为"存货"。技术摆置人。托架。托架是海德格尔追问技术的哲学概念。

小孩子面对屏幕声光电，一个个呆若木鸡。宅男宅女铺天盖地。坐着活，起身难。

人是什么？人是动作。正常人的一辈子，应该有亿万个动作。动作大减，人是什么？

小孩子天天都是脚板印，常常玩到黑才摸门。这才叫童年。这才叫身心灵动，孕育创造性的身心灵动。当年，我们在眉山全城疯玩春夏秋冬。百年如昨。

书包真小，天地真大。

从来只说一棵草，不说热爱大自然。说热爱自然，一般都有问题。

"自然"这个词的使用频率越高，自然的危机越重。

爱自然，怎么爱？这是眼下少年儿童的一个巨大难题。小孩子不爬树，不戏野水，对树与水的深度体验为零。李贺："野水泛长澜。"

去大江小河戏水，方知浪之为浪，涛之为涛，潮之为潮，涟漪之为涟漪，细浪之为细浪。我九岁那一年就和同学们一起横渡岷江，拍浪一千六百米，不穿救生衣。学校组织参加县上的纪念活动，一群城里的小娃娃走到十几里外的江边，脚不软，劲犹足，扑通扑通，跳进七月十六日的大岷江。江对岸人真小。太阳隐入云层，浑阔的大江起风了，白浪高一尺……"自信人生二百年，会当水击三千里"。

活着要像攀山狗，焉能变成圈养鸡？

拇指取代四肢意味着什么呢？脑袋定在屏幕前，眼珠子的转动类似玻璃球。这是生命史上的大笑话。谁来写一部《退化论》呢？

林贤治说："至于皇甫庄的社戏，就更显得气派非凡……豆腐摊，茶摊，瓜摊，馄饨摊和酒摊，那扬起的喝彩声，和台上粗犷豪放的唱腔混成一片。"

台上真好看，台下真好玩。

鲁迅在这样的环境中成长，家庭环境、民俗环境、自然环境都是好的。

小孩子一起玩，没有贵贱之分。闰土，月光下手持钢叉的美少年。闰土的原型叫运水……

"保姆长妈妈像影子一样跟随着，简直无法摆脱。"

长妈妈不识字，却很会讲各种各样的民间故事。故事是带着体温和气息的。麻烦的是长妈妈睡觉摆成一个"大"字，总是把小鲁迅挤到床边。长妈妈讲"长毛"，讲美女蛇，讲小百姓如何愚弄皇帝，膝下的小孩听得木愣愣的，笑得咯咯咯的，兴奋得手舞足蹈。原来龙椅上的皇帝不是个东西啊！

长妈妈还有许多道理：人死了，不能说死了，要说"老掉了"（四川民俗也如此）；饭粒掉到地上，要捡起来吃（当年四川人也如此），并不考虑周家的几代富裕；扫帚倒了要伸手扶；起床要理床；房间要干净；要学会缝缝补补；节俭的家风万万不能丢，丢了要败家；吃稀饭要搅，走滑路要跑；晒裤子的竹竿底下不能钻过去，诸如此类，民间规矩多得很。

古今中外的优秀人物都力戒奢华，为什么？他们深知：人的人性与物的物性的交流，有个最佳点，朴素就是最佳点。质朴者丰富，奢华者单调。后者是活给别人看的。

物欲旺盛，精气神就下降。这是铁律。

小儿听长辈讲述，故事中有规矩意识的萌芽。家不分贫富，首先要讲规矩。

奶奶讲故事，妈妈讲故事，长妈妈讲故事。孩提时光的温馨讲述是要影响一生的。这个太重要了。太重要是说：没有人能够精确地知道究竟有多么重要，再过五百年也不行。

人类要认识自身，还有漫长的路要走。

我们能够确切知道的是：爸爸妈妈，爷爷奶奶，外婆外公，床头讲故事，儿童室讲故事，院子里讲故事，树荫下讲故事，麦田里讲故事，小河边讲故事……这肯定会浸入小孩子的肌肤，荡起小孩子心灵的最初涟漪，波及他们未来的几十年。小孩长大，只记住七八个故事，也会受益终生。

偶尔看动画片。小孩子绝不能看手机，那个叫作"瘾在逗"的急剧推高兴奋点的怪物。

急剧推高兴奋点，刺激朝着更强的刺激，必定落入麻木不仁，又不自知，于是落入双重的麻木不仁。人才二三十岁，兴奋点就快用完了，接下来呢？

法国人早已立法，禁止中小学生在校使用手机和电脑。为什么？保护他们在这个年龄段的健康成长。

网络强势，少年儿童弱势，实在经不起瘾的逗。悲剧和准悲剧已经太多了……

手机上瘾，六亲不认，遑论亲近大自然。

《存在与时间》有专章讨论瘾头。

鲁迅七岁入私塾，启蒙老师叫周玉田。几年扎扎实实的儿童生活、活蹦乱跳的物理半径、健康向上的心理诉求，埋下好的潜能，打下一生的基础。

每一秒钟都是饱满的，恨不得一秒变三秒；每一天都写满了天真烂漫。

早年释放天性，乃是所有创造性人物的共同特征。自然科学家们也不例外。

中国的学龄前儿童，一定要抓紧玩，伙起玩，尽可能满足天性的需求，不要怕各种挫折。否则，小孩子大起来，毛病就随之钻出来，拧着活，逆反成常态，一家子被搅成一团乱麻。

小鲁迅七岁以后又如何呢？老师周玉田真好，除了劳心，教学生念字读书，似乎更善于劳动，他家的园子堪称百花园，他亲手种满了各种花木。

上课前后，老师常常一手泥……

百花园，百草园，以润物无声的方式环绕未来的作家。

老师讲《花镜》这本图文并茂的书，直叫学生听入迷，窗外就是那些花呀树呀草呀，嗬，风中雨中，不同的光线中，花枝花朵，各呈芳姿。简直神了。

学生要动手，动手就是动脑。

"从掘坑下种，嫁接新枝，到施肥浇水，插竹编篱，他总是自己动手，不愿意大人帮忙……他已经学会观察了，可以根据实践得来的经验去订正一些书籍的错讹。"

动手的习惯，鲁迅先生直到晚年不变。

雨果、尼采、列夫·托尔斯泰、维特根斯坦，都是干体力活的好把式。1926年，德国马堡大学副教授海德格尔写道："山上八天的林工，然后继续写书。"这本书，就是被称为人类最杰出的几本哲学著作之一的《存在与时间》。林工活不只是伐木，还要运木、改木。海氏是小镇上出色的木匠，摆弄锯子、锤子和斧子跟玩儿似的，大师又喜欢踢足球和高山滑雪。

两三岁的小孩，都是喜欢自己动手的，内驱力是好奇心。

存在的惊奇是决定性的，拙作《品西方文人3》之"弗洛伊德"有较详细的阐释，对弗洛伊德的儿童性欲说有严厉的批判。

存在的惊奇：居然有这种或那种东西，如此这般地存在着。

而大人去溺爱，凡事代劳，小孩子就懒了，生出惰性来。惰性一生二，二生三……世界每日收缩，嗜网络成怪癖，小小年纪坐着活，拒户外于千里之外。

互联网滋生的心理顽疾、人格缺陷、身体僵化，可做专题研究，一定要（！）下功夫，追问再追问。互联网作为工具是有大用的，而它对精神世界与行为方式的负面影响，绝不能低估。

爱是什么？爱是克制爱。

严格来讲，伟大的母爱也是有问题的，当母爱直奔本能的满足之时，溺爱就来了，溺爱的种种后果随之而来。这一点，西方人明显比我们做得好，西方人确实比我们懂得多。

这个差距，在 21 世纪可望缩小。

我所知道的九〇后、〇〇后，乃至一〇后，正在艰难的环境中生长个性。生长是曲折的，或一己独大，或冷漠自私，或啃老躺平……但是，个性有大面积的生长，就是好的。

慢慢来吧，一百年不嫌多。

陶渊明："悟已往之不谏，知来者之可追。"这里，悟已往是个难点。

长辈溺爱子孙的无穷细节，殊难细腻捕捉，更难及时反思。

民间是这样总结的：慈母多败儿；溺爱要护短。

从正、反两方面洞察人性，乃是中国传统文化的弱项。

这个弱项，形成了千百年的风俗，波及长远。

小孩子扛着锄头去种花，一朵花就成为他情感之所系，花朵就比它自身意味更多，从花蕊到残红，从春风到秋风，小孩子会去关注。渐渐爱上了，早晚牵挂了。纳兰容若的爱人有个细节：雷雨天，她撑伞护着花卉，狂风暴雨中她已透不过气来，也不肯走开。曹雪芹写《葬花吟》，前无古人，后无来者。花吐芬芳花凋零，直接是大观园群芳诸艳的命运。

小孩子种花、种树，奔向广阔的原野吧，冲出水泥森林，甩开互联网……

存在的惊奇先于一切美感，惊奇生亲切，亲切生美感。2021年，我悟到这一层。

美学没那么复杂的，并不需要写许多大部头，朱光潜、李泽厚，随便翻翻可也。

对儿童来说，一件最不起眼的东西也会非常好看，为什么？儿童朝夕摆弄它，对它有了亲切感。儿童对地上爬行的一队红蚂蚁都有亲切感；儿童一般不喜欢黑蚂蚁。是非观在一块泥地上，悄然孕育。爱憎要分明，是非要明确。小孩子趴着、盯着，对红蚂蚁、黑蚂蚁争论不休……

爱这个世界，怎么爱？释放存在的惊奇，培养周围世界的亲切感。

千方百计保护孩子的好奇心，千方百计培养孩子的亲切感。

绝不轻易去干预。而在眼下，轻易干预孩子的父母密密麻麻。祖辈的干预，情绪含量更高。真麻烦。愚蠢形成气场，叫作愚不可及。

本文写思想家鲁迅，会有思之生发。

思想是什么？思想是生发思想的一种人类现象，伟大的思想意味着无穷的生发。

长妈妈真是好保姆，她告假回家五六天，小鲁迅想念她。七八岁的小男孩想啊想啊，倚门想，爬树望，"折断门前柳"。想闻长妈妈身上的气味，想听长妈妈的乡下土话，甚至想被长妈妈摆出的那个"大"字挤下床。离不开啊，小鲁迅离不开亲妈，也离不开长妈妈。如同普希金离不开他的乳娘，托尔斯泰离不开他的姑妈——她们用体温塑造了伟人的爱的灵魂。

人是谁？人是点点滴滴的念想，人是朝朝暮暮的牵挂。但凡有此入骨的牵挂，人，不会有轻生之念的。

牵挂一朵花。牵挂长妈妈。

长妈妈从乡下回来啦，居然抱回了一套小绘本《山海经》。哇，九头的蛇、人面的兽、三脚的鸟……长妈妈进门就说："哥儿，有画儿的'三哼经'，我给你买来了！"

值几百文钱的一套《山海经》啊。长妈妈平时爱嚷嚷手头紧老家穷，可是她……

小鲁迅一头扎进了小小的四本《山海经》，横竖看不够，于是动笔画。蒙着画、照着画不过瘾了，这小孩开始想着画，盯着屋檐使劲想。走路也在想，脑袋撞门框。

画啥呢？画八斤，邻居小儿八斤，打架凶巴巴的八斤，蛮不讲理的八斤，鼻孔朝天趾高气扬的八斤。小鲁迅画了第一幅画《射死八斤》，很解气。他跟八斤打过架，不止一次。打不赢就画画。画稿不满意，撕了再画。一次次射死八斤，真痛快啊。

20世纪30年代，鲁迅先生发起中国的木刻运动，介绍珂勒惠支充满战斗性的版画。木刻的战斗性不亚于油画，水墨画是不能比的。

鲁迅写的毛笔字，吃"红鸡蛋"是常事。后来先生的书法独具风格，但从不自称书法家。

《二十四孝图》，他从小就厌恶。"老莱娱亲"，七十多岁的老莱子倒在地上撒娇，讨父母的欢心，真让人恶心。"郭巨埋儿"，为了省粮食供养老母，郭巨居然活埋了三岁的儿子。

这是在清朝末年，邪恶的统治者强化礼教，以掌控天下。王朝越是没落腐朽，统治者的花样越多，手段越诡异。问题是，封建统治者的花样并不是无效的。穷乡僻壤也有《二十四孝图》《孝经》《女儿经》一类的读物。漫天撒大网，瞒和骗。

鲁迅先生质疑几千年的统治术，可能始于对《二十四孝图》的反感。

先生却是孝子，尽孝一辈子，先母亲而去。先生的母亲鲁瑞以八十六岁的高寿去世。

先生给母亲写了许多信，信的末尾永远是"男树叩上"。

通常的情形是：孝子并不知道自己是孝子，他只为具体的事情操心。

21世纪，孝敬的点点滴滴的衰减，令人无言以对。立此存照吧。

父不孝，子难孝，孙茫然。人人都要面对，一家子，低头不见抬头见。

三味书屋，寿镜吾先生……鲁迅十二岁，离开朝夕玩耍的百草园，进了绍兴颇具名望的三味书屋。先说书屋的布局。书屋有一副对联："至乐无声惟孝悌，太羹有味是诗书。"南墙的圆洞后有一间屋，悬小匾："谈余小憩"；北面两间屋，有"仿佛陶庐"。后园一个亭子挂着"自怡"，亭前花木颇壮观，有两棵百年桂花树。蜡梅北向，大天竹果实累累。

寿镜吾先生是绍兴城的名师，总是穿一件破旧的大衫，"家人给他做了一件皮袍子，他一直舍不得穿……他不抽烟，只喜欢到谢德兴酒店吃点儿酒，算是人生的一大陶醉。吃酒时，总得走进店里，不让学生看见"。

三味书屋的环境那么讲究，而先生寿镜吾，吃穿朴素。教孩子，身教是第一位的。师道尊严，质朴为先，惜物为先，知耻为先。他吃酒也要避开他的学生。他从不滥收学生，更不问学生的家庭背景，"有教无类"。这位古城名师不搭建任何利益平台。

小鲁迅是捣蛋鬼，老师罚他喝凉水，还要打他嘴。

"他太调皮了，居然跑到庙会里去扮小鬼，油彩没抹干净，就跑回到书房里来。"

他在课堂上举手提问："先生，'怪哉'这虫，是怎么一回事？"

博学的寿镜吾先生一时蒙了。学生们大乐。

老师出对课题："独角兽。"

小鲁迅丛蕙同学答曰："四眼狗。"

老师猝不及防，一连串的对子顿时冒出来：二头蛇、三脚蟾、八脚虫……

桂花树是可以爬的，蜡梅花是可以摘的，墙洞是可以来回钻的，秋千是天天荡的。

十二岁的小鲁迅制作了一款书签，写了一行小字："读书三到：心到、眼到、口到。"他调皮捣蛋的一个原因，是他成绩好，有调皮的本钱。他的记忆力极强。

老先生又出对课题了："月中桂。"

学生对"风前柳"，对"雪里梅"。

小鲁迅脱口而出："星里麻。"

老师听不明白，慢慢摘下了大眼镜。这个学生解释："星里有牛郎织女，织女星不正是织麻的吗？"

少年，正是奇思异想喷涌之时。寿镜吾先生不打压，除非学生恶搞、装怪。

孩子们自由的思绪就像原野上不羁的风。创造性的才华在孕育。

如果小鲁迅不能天真烂漫，不会调皮捣蛋，那么，他后来的运思、运笔，不可能那么凝练而灵动。灵动是说：有转向的能力，有不断超越自身的能力。

苏东坡尝言："天真烂漫是吾师。"

眼下的一大难题是：如何保护小孩子的天真烂漫？

童年快乐，是通向一生幸福的唯一桥梁。切记：唯一桥梁。

童年不快乐，人格很难健全，心理毛病多。这几乎是个物理定律。

从五六岁到十三岁，从百花园、百草园到三味书屋，从绍兴古城到外婆的安桥头，小鲁迅的生活惬意而又活泼，灵动而又安静。他的脾气也不小，比如一脚踩烂了弟弟的风筝。同学叫他的外号"雨伞"，他要捏拳头，怒目而视，扔了书包打架。邻居小子八斤欺负他，他奋起反抗，包括用画笔来反抗。这些都构成了未来那一位"横眉冷对"的反抗者的雏形。

研究鲁迅，要仔细打量他的孩提时光。

海氏："思想需要细心。"或者说，细心才有思想。

百草园并不大，三味书屋的园子也不大，但是，"大"是什么意思呢？多大是大？

古人云："一微尘内斗英雄。"古人发现了无限小。

小孩子的眼中，大抵只有心理半径。物理半径只是心理半径的伴生现象。当年我一直觉得眉山比成都大，眉山县甚至比四川省还大，自嘲感觉不对头，傻乎乎的。后来读现象学，学会了一点细心，才发现感觉是对头的，感觉隐含了内在真实。于是我写下一个句子：

一方春水池塘，大于五湖四海。

福克纳在一块"邮票般大"的地方写出了《喧哗与骚动》；卡夫卡去过的城市甚少；鲁迅先生只在日本待了几年；曹雪芹只拥有双城记忆：金陵、北京；苏轼一生，"半中国"而已。

深度决定广度。今日飞遍全世界的作家们，谁具有全球视野？

巴掌大的春水池塘，钓过鱼，捉过鳖，玩过黑泥，追过翠鸟，扎过水葫芦船，摘过鸡头米，看过初荷、圆荷、残荷，听过蝉声如雨，见过白雨跳珠，闻过袅袅炊烟，惊叹过燃烧的晚霞、浩瀚的星空、神秘的"走星"，吃过莲子，当过费头子，砸过核桃皮，撬过地拱子……

玩过无数次的池塘，有了永久性的情感记忆。而且，这些记忆会发散开去。

鲁迅十三岁，遭遇了生存落差。在北京做官的祖父出事了。

祖父周福清想买通主考官，为儿子周凤仪谋个进士及第，信封里装了一万两银票。官场科场的贿赂他见得多了，他在京城憋了九年，决定来个大动作。这个人胆子大，当初考进士就瞒报了年龄。现在他五十几岁，一心想让郁闷的儿子登科，将来当大官，光宗耀祖。

据他观察，将主考官、副主考官作为贿赂的对象，完全不成问题。一万两送出去，高官帽飞过来。各个环节都考虑周详了，却忽略了他的听差的秉性。听差名叫陶阿顺。

陶阿顺送银票，地点在苏州的一条船上。主考官殷如璋正与人喝茶，接过信封点了点头。陶阿顺等了一会儿，不耐烦，当众嚷了起来："信里有万两银票，怎么不给一张回条？"

苏州这一嚷，绍兴的周家败了。周家不败，难有旷世之鲁迅。

周福清入狱，判"斩监候"：不知道什么时候问斩，悬着，有玄机。于是，周家的钱财不断往外掏，打通上上下下的关节，保一条人命。

小鲁迅躲到了乡下。过了大半年，返回绍兴城，继续三味书屋的学业。

厄运降临周家。祖父在北京蹲监狱，而监狱是个无底洞，保下了一条老命，却耗去了大量家产。鲁迅的父亲气病在床上。这位父亲，也是性刚烈，脾气大；喜论时事，堪称绍兴业余的评论家。祖孙三代人，天性有遗传。

祖父栽了，父亲病了，绍兴的鲁迅家黯淡了。

瘦小的少年，往返于高高的当铺和嘈杂的药铺之间，遭遇各式人间白眼。

家道中落，世态炎凉。天真无邪的少年，迎头碰上社会阴暗。

三味书屋的学业中断了。瘦而高的寿镜吾老先生，不复转动着脑袋，走到鲁迅的课桌前，津津有味念古文。鲁迅想念老先生的长布衫、小酒壶……

当铺，药铺，父亲的病榻……请来的中医很奇怪，那药引子，居然要用原配的蟋蟀。昂贵的诊费、药钱一把把地花出去了，父亲的病却不见起色。鲁迅是由一张又一张庸医的脸来感受中医的。到后来，他挖苦中医，憎恨中医；到日本学西医，要救治像父亲这样的病人。

患病的父亲，终于死在绍兴庸医手上。家境每况愈下。鲁迅是老大，他的感受比两个弟弟要深得多。后来提笔为文，频频回首往事，惊异于早年生活的巨大落差。

这个落差中隐藏着许多东西。鲁迅的回首，乃是持续地转身，打量并逼近自己的生存轨迹。而一般人不会这样。除非遭遇强刺激，常人不会去深思，更不会持续深思。

个体回首艰难，群体更是如此。

鲁迅痛苦而漫长的精神探索，起于十三岁。幸福的突然中止催生反思，类似少年时代备享荣华富贵的曹雪芹；而反思诱导更多的反思。鲁迅与曹雪芹有比较的空间。

生活的落差左右着生存的向度。思想在它的连续性中显现为思想。

思考型的鲁迅，发端于少年。此一层，学者教授们思未深也，道未详也。

精神之路，曲折幽暗歧路纵横，乃是常态。曲折幽暗挡住了大多数人的探索。

鲁迅在绍兴长到十八岁，启程赴南京，踏上了求学谋生之路。

母亲送他，一路上止不住风中的泪。

鲁迅在南京待了四年，先进水师学堂，后转矿路学堂。这类官费的实用型学校，富家子弟是瞧不上的。鲁迅穷，离家远走时，母亲只给了他八块银圆。

南京的冬天冷，鲁迅衣裳裤子单薄，经常吃辣椒御寒，伤了胃，埋下病根。

他边吃辣椒，边读严复翻译的《天演论》；这本书是英国人写的达尔文进化论的普及读物。鲁迅明白了进化论的道理，胃火与怒火一起烧。

"非最宜不能独存独盛。"

进化论鼓吹物竞天择，适者生存，震动了当时的中国社会。清王朝不缺经济实力，却未能将财力转化成军事实力，海战陆战皆输，屡屡上演近代史上的国家悲剧。

西方人凭坚船利炮与鸦片，伴随洋教堂、洋观念的软入侵，妄图殖民古老的东方大国，奴役几亿人。社会达尔文主义的宣言书，是由远程舰炮来投送的。

英美的殖民术，同他们的技术一样发达。

幅员辽阔的中国是一块大肥肉，西方列强都要来咬一口。列强又互咬，狗咬狗，一嘴毛。弱肉强食的丛林法则，凭借技术与资本越来越强的力量，要覆盖这个星球。

圆明园的大火，烧焦了鲁迅的思绪。他苦练马术，跌倒又爬起来。心中有仇恨，纵马过山溪。他刻下了两枚图章："文章误我""戛剑生"。

在二十丈深的矿井下，他看见"鬼一般工作着"的人们。

穷人，穷人，穷人，南京到处是穷人。鲁迅自己是穷学生，对底层很敏感。几年来，目睹太多。从十三岁到二十岁，鲁迅的价值观趋于成形。

父亲的死，使他想了很多事情。

中国历代大文豪，早年丧父的例子颇不少，这个现象可做多个层面的阐释。

1900 年，八国联军如狼似虎打进北京。老妖婆慈禧仓皇逃走。

而在南京的大街上，新式陆军唱着莫名其妙的军歌："请看印度国土并非小，为奴为马不得脱笼牢。"五十步笑百步。扛枪的士兵在昂扬高歌，青年鲁迅在观望的人群中羞愧。

满街看热闹，一人皱眉头。

南京矿路学堂一度将要停办，鲁迅回绍兴待了一年多。他早期的旧体诗已见功力。随便提一句，鲁迅的旧体诗在 20 世纪的文化人中是非常出色的，因为它有力度。"夜半倚床忆诸弟，残灯如豆月明时。"

在家里吃白食，鲁迅先生很惭愧。母亲明显见老了。祖父出狱回来，不停地骂人、唠叨。

鲁迅在南京的学堂成绩优异，母亲是欣慰的。家里还有一些田产，但是鲁迅绝不愿意啃老，更不会"躺平"。家道中落，催他奋起。穷人的孩子早当家，何况他是老大。后来他喜欢李贺的诗句："己生须己养，荷担出门去。"

出国的机会来了，矿路学堂派六个学生去日本官费留学，鲁迅排在第三。

这是 1902 年。鲁迅到东京，学上了日语，谈起了恋爱。

鲁迅是全班带头剪辫子的男生，不知道是否与恋爱有关。现存的照片，未见他留辫子。而其他留学的男生，为拖到臀部的黑辫子大伤脑筋，每天要把蟒蛇般的辫子盘于头顶，再盖上日本式的学生帽，看上去像怪物，像一座高高耸起的富士山。

恋爱的对象是谁？也许是个日本姑娘。鲁迅留下一首小诗《自题小像》："灵台无计逃神矢，风雨如磐暗故园。寄意寒星荃不察，我以我血荐轩辕。"

"荃"指"她"，典出《离骚》："荃不察余之中情兮。"神矢指爱神的箭，典出古希腊神话。这首七绝是书赠许寿裳的。李霁野撰文说，它是一首情诗。李霁野先生是鲁迅的挚友，他的话有可信度。不过，鲁迅恋爱的具体情形，仅凭这首短诗难以揣测。可以猜度的是，青年鲁迅在日本有过恋爱冲动。"我以我血荐轩辕"，自是爱国情操的流露，却也和恋爱的无结果有关：荃不察，她并不能理解他的高尚情操、远大抱负。情侣当有共同语言，说不到一块儿，似乎就不能生活在一块儿。鲁迅高昂的身姿后面，有某种难言的酸楚。

失恋男生多高昂。这高昂，往往是颓唐的变式。鲁迅不颓唐，他在日本狂读西方经典，把身体的能量交给大脑。墨子"以自苦为极"，鲁迅先生类似。

鲁迅早期的雄文有《文化偏至论》《摩罗诗力说》等。前者发洞见云："外之既不后于世界之思潮，内之仍弗失固有之血脉，取今复古，别立新宗，人生意义，致之深邃，则国人之自觉至，个性张，沙聚之邦，由是转为人国。"著名的拿来主义，先在日本拿。

鲁迅把当时的中国诊断为"沙聚之邦",几亿人呈现为大沙漠,被刮来刮去的风不停地改变形状。无边的沙漠是如何形成的?人,又是怎样变成渺小沙粒的?清王朝的经济实力不是远胜于日本吗?为何又是沙聚之邦?

鲁迅盯上了中国人的个性。个性不张,造成了沙聚之邦。

中国封建社会,权力运行极端化,覆盖面广,持续的时间长。而极端化的封建权力注定要制造庸众,把个体变成沙子,把群体变成沙丘。

庸众昏昏欲睡,皇帝为所欲为。二者互为因果。

鲁迅的投枪匕首、横眉怒目,乃是针对漫长的封建社会的权力极端化的恶果。

非怒目,不足以穿透。

《文化偏至论》强调"掊物质""张灵明"。

人是万物之灵,有价值系统,有道德承载,有诗意向往,有灵光闪烁,有情义环绕。动物的决定性的因素是物质环境,而人之为人,是由文化环境来决定的。

文化追求什么?追求价值关系。

活着要有意义。活着有意义的人才会活得饱满,一生不虚度。

德国哲学大师马克斯·韦伯说:"人是悬在由他所编织的意义之网中的动物。"

这倒不是说,人是凭空编织这张意义之网。生活之意蕴层,犹如天空中的臭氧层：没有任何一个大陆板块能置身局外。臭氧层出现大空洞，修复需要很长的时间，远不止一代两代。

20世纪初，鲁迅在日本发出他的追问："事若尽于物质矣，而物质果足尽人生之本也耶？"鲁迅的追问，令人联想到庄子的历史性大智慧："物物而不物于物。"

庄子这个短语，在今天意义重大。大智慧意味着质疑并指点人类文明的进程。

鲁迅说："掊物质而张灵明，任个人而排众数。"十几个字，预设他的终生奋斗。

掊物质：坚决抑制物欲的恶性膨胀。物欲有个相关系统，调动一点，牵扯出其他。

物的丰富，绝不等同于人的丰富性、日常生活的丰富性。

人的质量差，物欲就高涨。

人与物打交道，目前尚无普世价值可言。有限的地球资源与无限的物质欲望形成结构性矛盾。自然物被视为有待索取的"存货"。物的物性不能受到尊重。人们不惜物。人们忙于消耗，猴子掰苞谷似的对待物。大地被量化、商业化了。这是向自然施暴。

海德格尔诊断："不是把水电站建在莱茵河上，而是把莱茵河建到水电站中。"

里尔克发问：一个美国苹果还能叫苹果吗？

20世纪80年代到美国寻梦的王小波感慨："那个国家永远是在经商热中，而且永远是1000度的白热。"

物欲无限而资源有限，这道理不复杂，一目了然。谁把简单的道理搅复杂了？

1919年，马克斯·韦伯在慕尼黑做了一次划时代演讲，这位不久于人世的世界级大师，"面色极为苍白、疲惫，匆忙地穿过挤满听众的大厅，走向他的讲台"。

演讲的题目是《从内在的使命到科学》。

演讲的核心是回答一个带有时代紧迫性的问题："在现代理性化文明的钢筋混凝土的房子里，如何使有意义的生活得到发展？"

韦伯的答案是："科学通过它在技术上的影响，从根本上改变了日常生活，并且在战争中证明，它内部蕴藏着多么巨大的摧毁力。科学已经成为我们的命运。然而，它向我们提出了敏感的问题，作为职业的科学，它的意义是什么？科学是通往存在之路、艺术之路、自然之路、幸福之路等等的正途吗？托尔斯泰给出了一个简单的回答：'科学是无意义的，因为，它不能回答对我们来说最有意义的问题：我们应该做什么？我们应该怎样生活？'科学不能回答这些问题，是无可辩驳的事实。"

这些问题是如此根本，今日更令人焦虑。科学对生活的意义退避三舍，它只一味发强力，不含任何道德因子，不管生活世界的固有价值，不问千差万别的生活方式。它一味推进同质化，强力排除异质性。力的舞蹈围着它自身旋转，不受外力的牵引或限制，倒是相反，它黑洞般吞噬那些试图限制它的外力。它肆意捕获它所需要的东西。

一代代相传的丰富的生活，无处不在的低沸点的欣悦，被技术压变形。

立体的、血肉丰满的人，变得日趋苍白而又单一，像流水线上的标准化产品。人的"现实通道"（海氏语）固若金汤。

海德格尔再三强调："人类不可失掉与朴素事物打交道的能力。"

失掉这种能力，人就会落入无边的无聊。越刺激，越无聊。这是铁律。

技术围堵生活、圈闭生活，强刺激追求更强的刺激，迅速推高人的兴奋点，催生无根性。是的，无根性。人的主动性动态性地收缩。人被摆置，人被设计。而主动性、差异性乃是人之为人的标志。

主动性是一切生命享受的最大前提。动物园懒洋洋的老虎能叫百兽之王吗？

主动性丢了，浑浑噩噩就来了。人的整齐划一、人的千人一面，解构人的独立性。

人们急于活得像他人，而他人又是个"无其人"，在钢筋水泥之间，在互联网的虚拟空间转来转去。人的有远古基因支持的户外冲动与诸多潜能，日常生活的多重意蕴，受到抑制，封闭。马尔库塞表达焦虑的名著《单向度的人》，副题是"发达工业社会意识形态研究"。

胡塞尔首创的"生活世界现象学"，就是针对科技造成的单一的生活模式。

人究竟是谁？人在什么地方出没？以少年儿童为例，大面积的"自然缺乏症""运动缺乏症""劳动缺乏症""伙伴缺乏症""美感缺乏症"已经持续数十年了，而自然、运动、劳动、伙伴、美感的价值，乃是人类生活永恒的核心价值。

举例来说，什么是风？树风、草风、山风、水风、沙风、旋风、熏风、晚风、远风、卷地风、穿林风、麦田风、太阳风、稻花香风、"袅袅兮秋风"、穿墙过门的窄窄风、呼啸转向的弯弯风、令人魂牵梦萦的原野之长风……什么是雨？阵雨、暴雨、春雨、秋雨、白雨、山雨、屋檐雨、梧桐雨、风叶雨、毛毛雨、偏东雨、雷阵雨、"鬼雨洒空草"、"无边丝雨细如愁"、"七八个星天外，两三点雨山前"……

如今，饱含意蕴的下雨变成了气象学名词：降水。

所谓中性词，让世界中性化了，去意蕴化了。没味道。这里，科学制造了蒙昧，导致感觉的贫乏，端出了一杯生活世界之温暾水，挤走香茶与咖啡。

每一种风都要吹进灵魂才好，每一场雨都要唤起周围世界之统觉（！）才好。赖此统觉，方有世界之亲切。然而，在感觉层面，刮风下雨之丰盈与深切，正在大面积收缩。

人要爱自然，但是在今天，必须强力追问，何谓自然？何谓一湾水、一朵花、一棵树？

眼下，迫切需要回答的本源性的问题是：人是如何跟一棵树打交道的？

小孩子不爬树、不玩树，对树的深切体验为零。长大了，树林山林作为风景，将大打折扣。

爬树是深埋在基因中的原始本能。各种各样的树，笔直的、弯曲的、奇形怪状的、硕果累累的、繁花似锦的、依山傍水的、引发联想和幻觉的、进入梦境的……小孩子的四肢与树干、树枝纠缠在一起，唤起百万年的原始本能之愉悦。新奇、紧张、怪异、舒服！

高低错落的树枝仅仅是树枝吗？非也，非也。它比树枝更多，它可以是单双杠，可以是平衡木，可以是秋千架，可以是临水的天然跳台，可以是躺下来看书看云的妙处，可以是睡梦香喷喷的有弹性的枝丫床，可以是花香、鸟语、果甜、风送爽、阳光跳跃的无限幸福之所。

树木亲切了，树木才是风景。这是关键。关于风景的现象学追问，笔者另文展开。

生活之意蕴层，使任何一种物比它自身更多。

反之，则是脱意蕴处理的干瘪、蒸馏、硬邦邦的物，赤裸裸的物，是其所是的物，到处横陈的物。人们取之用之废之，只在转手之间（参见拙作《品西方文人1》之"海德格尔"）。

20世纪初，鲁迅在日本近距离审视欧美的物质文明，掉头为自己的民族把脉。

中国广袤的城市与乡村，并不缺生活方式的自主，不缺低沸点的欣悦，不缺乡邻温暖，不缺诗意向往。地域的差异，催生日常生活的差异。有差异，人的面目就不会趋同，生活花样多。

你喜欢不是我喜欢。人上一百，形形色色。林语堂的《吾国与吾民》值得一读。

清朝统治者数百年的高压、奴化、愚弄、摆置，使汉民族精神委顿。

19世纪，西方列强来了。双重的压迫造成了一盘散沙。

列强很喜欢一盘散沙，因为殖民成本低。

鲁迅的任个人、排众数，是致力于中国人的个性解放，瞄准并揭示国民顽固的劣根性。民众的愚昧和麻木，是鲁迅一生都深恶痛绝的。爱之深才痛之切，才责之严。"哀其不幸"，"怒其不争"。正是在这个层面上，他和乡愿式的胡适拉开了距离。

沙聚之邦，个体罕见。先知先觉先行者，必定遭到"众数"的漠视、歧视，乃至敌视。耶稣、苏格拉底、布鲁诺的命运都证明了这严酷的现实。孤独的反抗者浑身是伤。

鲁迅是为他的敌人活着的。

鲁迅的"最痛苦的灵魂"，源于他感受和辨认黑暗的能力。

他看得透彻，才一针见血，才直截了当。惯于打躬作揖、互相周旋的人自然会不舒服。

觉醒的个体面对昏睡的庸众……鲁迅发现了尼采和易卜生。而尼采发现了超人、末人，易卜生发现真理常在少数人手中。

中国革命的先行者孙中山，足迹踏遍欧美，他在《三民主义与中国前途》中指出："文明有善果，也有恶果……欧美各国，善果被富人享尽，贫民反食恶果，总由少数人把持文明幸福，故成此不平等的世界。"

孙中山是先行者，鲁迅是先觉者。

孙中山致力于社会革命，鲁迅全力以赴改造中国的国民性。

这是两个不同方向的伟业。

1907 年的鲁迅，发出了这样的声音："今索诸中国，为精神界之战士者安在？"

精神界之战士，全身披挂上阵了。

当时出国留学的人非常多，文科占比高，谁能像鲁迅这样洞察国民的劣根性？

鲁迅二十多岁就成为鲁迅，令人颇惊讶。在日本东京，聚集着来自中国的各路豪杰。革命的、改良的、复古的、保皇的、主张暗杀的……分成若干派系，竞相发出声音。

中国面临着被西方列强瓜分的危险，知识分子受到前所未有的强刺激。既要排满、反封建，更要反列强，各种各样的救国论杂沓纷呈。实业救国、教育救国、医学救国、黄金黑铁救国、坚船利炮救国……

而鲁迅的救国思想，发端于在南京读《天演论》的时期。鲁迅读进化论，读来读去，读出"个体"二字。这使他获得了极坚实的思想基础。

这个基础，为他提供了人生的舞台、文学的创造性区域、韧性战斗的战场，也使他孤独、彷徨、痛苦。孤独乃是思想家的宿命。尼采在六千英尺的高山上俯瞰人类；超人苦口婆心，试图拯救山下黑压压的末人（参见拙作《品西方文人 3》之"尼采"）。

思想的持续重压，鲁迅独自承受。这重压，日复一日雕刻了他的面部表情。

鲁迅先生的照片是很耐看的。郁达夫称他是中国唯一的美少年。美在何处？美在力度。

发现了个体，也就发现了沙粒，看清了沙聚之邦。鲁迅是研究沙粒、沙化的头号专家。而他改造国民精神的荒漠化，曲高和寡，常陷入孤军奋战的境地，尽管他装备精良——有卓越的思考能力，有表达其思考的杰出的汉语艺术。他呐喊，投枪匕首并用，却如同置身于无物之阵。国民的五花八门的劣根性，发现它已经非常不容易了，何况要去改造它。

沙聚之邦，转为人国，怎么转人国？这工程的浩大艰难与长期性，谁能测量？

正是在这里，思想把握住最值得一思的东西。

鲁迅为什么能看见个体？盖因他很早就"活向"个体。家学渊源，母性呵护，百草园和三味书屋，健全的童年生活，奠定了他的雄厚基础。十三岁，落差来了，人受刺激，紧张的思索年复一年。江边的一根芦苇迎着疾风，迎着大江呼啸的长风。

南京四年，逆境奋斗。

二十岁前后，鲁迅形成了个体修炼的态势，步入个体的运行轨道。

唯有这种坚实的个体，方能发现个体的对立面：庸众，沙聚之邦。

鲁迅赢得了思想的持续喷发，"赢得了"前所未有的麻木与黑暗。他栖身于黑暗，盖因他心中有大光明。他浑身敏感，所以他几乎洞察了一切麻木。

说几乎，是因为思想的冲击力本身会形成某些盲点。这个稍后谈。

鲁迅的喷发力，乃是针对黑暗的攻击力，对光明的辨认能力。

理解鲁迅，不妨聚焦于此。他的写作风格，他的战斗姿态，他在中国不变的价值，以及他在运思过程中出现的盲点。把握鲁迅的精神脉络，乃是本文的努力方向。也许只能思到中途，但只要有思，就是好的。

个体的特征，思为第一要素。

对于创造性的人物，唯有创造性的思维方能与之对接。

当我们讨论思想的时候，人物的生平故事就退居次要了。

海德格尔在课堂上讲亚里士多德的生平，只有一句：他出生，他工作，他死亡。

海氏的《尼采》，汉译一千多页，涉及尼采的生平故事不足一页。大师在思想高地盘桓的能力、一竿子插到底的能力，西方学界叹为观止。

鲁迅在东京弘文学院待了两年多，然后去了仙台，学医。严谨而又慈祥的藤野先生，后来成了他终生铭记的恩师。20世纪30年代，日本对中国虎视眈眈，但鲁迅的书房里仍然挂着藤野的照片，他仍与开书店的内山完造交厚，信任日本医生须藤，这说明他确实对事不对人，待人行事，全凭自己的目光。日本军国主义和具体的日本人，他是区别对待的。

鲁迅对西方医学有浓厚的兴趣，各科成绩好。这也如同他对地质学、生物学的浓厚兴趣。他一直是文理兼修，能同时看见物质与精神，看见二者的融合与二者的分界。

在东京，鲁迅与许寿裳深入讨论：中国民族中最缺乏的是什么？它的病根何在？

当时的日本，由于 1894 年的中日海战，由于稍后的日俄战争，好战分子急剧增长，军国主义气焰嚣张。鲁迅被仙台的日本同学视为"支那学生"。成绩好反受奚落、受怀疑：一个支那人，怎么可能在骨学、神经学、血管学、解剖学的课程上都取得好成绩呢？

有个日本学生写信给鲁迅，开头便说："你改悔罢！"

鲁迅不理睬，班上的同学对他侧目而视。他住在一所监狱旁的低级旅馆，瘦弱之躯饱受蚊子的叮咬。苍蝇蚊子乱飞，陋室没蚊帐。顿顿粗食，咽下却不难……

有一天，学校放一部日俄战争的纪实影片，片中有个中国人，因做了俄国的侦探而被日军处死。围观的中国同胞一个个身强体壮，神情却麻木，他们在看热闹、看杀头，鸭子般伸长颈项，死鱼般的眼睛里转动着某种兴奋。

鲁迅大吃一惊。日本学生在欢呼，在起哄，吹着尖厉的口哨。

体格强壮而神情麻木的中国人……鲁迅对此印象深刻，源于他对国民性的持续追问。思想感觉化了。感觉引发更多的感觉，又反证思想。

他做出了瞬间决断：弃医从文。

医学是不能深入灵魂的。行尸走肉满街乱窜，"病死多少是不必以为不幸的"。

后来他的小说《药》《示众》《阿Q正传》，对国民的麻木做了入木三分的描绘。

鲁迅是相当敏感的。叶圣陶说："在同时代的人中间，鲁迅先生的确比别人敏感。有许多事，别人才有一点儿朦胧的感觉，他已经想到了，并且想得比别人深。"

毛泽东称他是伟大的文学家、思想家、革命家。

他想得深，于是他走得远。他走得远，于是他日益孤独。

他考察人性，拷问灵魂，从不放过他自己。他欣赏陀思妥耶夫斯基对灵魂的拷问，穷追不舍。在特定的历史情境中，他反礼教，反孔夫子。

鲁迅雄文《在现代中国的孔夫子》。鲁迅与孔夫子有互补的空间。

中国封建社会，越到晚期，权力运行越呈极端化。

极端化意味着：唯有这种极端化，方能维持日趋腐败的权力系统的运行。

鲁迅受西方文化的大力牵引而不乱阵脚，与他的"国学"功底是大有关系的。这个问题很重要。把握"鲁迅之为鲁迅"，需抓住纲，纲举才能目张。

许寿裳劝鲁迅说："你学医不是学得好好的吗？为何放弃？"

鲁迅回答："中国的呆子，岂是医学所能治？"

鲁迅去找老师，陈述退学的理由，藤野先生一听就明白了，虽然他很爱这中国弟子，却未多劝。他送给鲁迅一张照片，默默写下两个汉字：惜别。鲁迅后来一直把藤野的照片挂在墙上。当工作累了，想偷懒了，他望望照片，又开始伏案工作。

1906 年的夏天，鲁迅回到东京，生活仍然艰苦。吃得很差，想得很多。这年轻的大脑几乎昼夜不息地运转，"赴会馆，跑书店，往集会，听讲演"。

心中风云激荡，人在苦苦求索。起于少年的那双眼睛……

在精通了日语之后，他又学俄语、德语，如饥似渴地阅读俄国、德国的文学和哲学经典。他渴望去德国留学。他拟购的德文书目多达一百二十七种。买一套德文版的《世界文学史》，他花了十个大洋。他读过托尔斯泰所有的日译本。美国人的书，他接触甚少，没兴趣。

文学养分嫌不够，他转向德意志哲学家尼采……

中国精神界之战士，蓄势待发。

鲁迅一生全神贯注于社会批判、文明批判、生活批判，而康德在 18 世纪已经有"三大批判"之一的《判断力批判》。针对判断力的批判，晚清的士人们可能还不知所云。

20 世纪 50 年代后期，毛泽东曾在《同音乐工作者的谈话》中指出："近代文化，外国比我们高，要承认这一点。"青年毛泽东在长沙、在北京，读西方人的经典著作如饥似渴。

鲁迅的奋起，乃是瞄准中西方文化的落差。他跃入西方文化，贪婪地呼吸着异质性的空气，反身打量中国的传统文化，"看见了"传统文化——它的精髓和它的诸多弊端。

鲁迅能对同质性的东西做陌生化处理。这也包括他将要展开的汉语艺术。他的小说，从《呐喊》《彷徨》到《故事新编》，几乎一篇一个风格，其艺术蜕变的能力令人惊叹。他不刻意追求形式，反而获得了"有意味的形式"……

鲁迅之所以能够审视中国，盖因他汲取了中西方文化的力量。

此一层是关键。

当时在东京，实际上已经形成了一个以鲁迅为中心的文人圈子。

从南京到东京，前后十一年，鲁迅给人的印象，是每一秒钟都在紧张地思考。吃穿住，他好像全不在乎。而这种类型的大哲，近现代西方常见。这倒不是说，大哲不食人间烟火。

萨特有名言："严谨的工作之余，生活应该是一连串的赏心乐事。"

鲁迅做了国学大师章太炎的弟子。章太炎在当时是声名显赫的革命家，坐过清廷监狱，出狱后把他的讲坛搬到日本东京，与改良派、保皇派领袖梁启超、康有为等展开激烈论战。

鲁迅听章太炎讲《说文解字》。太炎先生席地而坐，挥舞着手臂，绘声绘色讲汉字的起源，五六个小时一晃而过。听讲的学生环坐于矮桌旁，上厕所都要抓紧时间，生怕漏听精彩处。有一位钱玄同，听得忘形，每次上课都眉飞色舞，身子不觉前移，移至先生跟前。师生讨论，数钱玄同的话多。鲁迅对钱玄同小有不满，给他取个绰号"爬来爬去"。

后来，钱玄同做了古文字学家，提倡复古，鲁迅写文章批评他。鲁迅写《关于太炎先生二三事》，对作为国学大师的章太炎也有微词，不过，这篇文章的基调是亲切的、怀念的。

鲁迅在日本办《新生》杂志，不分昼夜读西方经典，同时聆听章太炎讲学。视野开阔的思想家、文学家在酝酿；20世纪无与伦比的汉语艺术在锤炼。

战斗的鲁迅之所以能够战斗，其文化视野乃是决定性的因素。

他的同乡徐锡麟刺杀清廷大员恩铭，举国震惊。徐锡麟被处死，开膛，心、肝、肺做了恩铭亲兵的下酒菜。清王朝垂死挣扎，疯狂反扑。不久，鲁迅的另一位同乡，鉴湖女侠秋瑾，也在她的故乡绍兴，死于清廷刽子手的屠刀下。秋瑾生前，随身带着一把短刀。

鲁迅也有一把短刀，那是在仙台的时候一个日本朋友送的。

夜里他看刀。他并不是一名刺客。这是一把灵魂的手术刀。

鲁迅看刀，看来看去，"看"出日后的投枪匕首式的杂文。

郁达夫说，鲁迅的杂文"能以寸铁杀人"。

郁达夫通常给人留下风流才子的印象，却对鲁迅杂文推崇备至，反击批评鲁迅杂文的梁实秋。梁实秋先生翻译莎士比亚功莫大焉，也许他是走了"雅"的极端。民国时期，这类雅士不少。

杂文的特点是：嬉笑怒骂，皆成文章。

孟子写文章，也是要骂人的。孔夫子杏坛讲课，骂人很凶。王国维、章太炎、辜鸿铭、郭沫若……谁不骂人呢？骂是广义的，并非人身攻击，"辱骂和恐吓决不是战斗"。

鲁迅从仙台返回东京，又待了三年。屈指算来，他到日本七年多了。

他想家，想念母亲。他曾经加入东京的浙学会，秘密策划国内的武装起义，先从暗杀清朝大臣开始。鲁迅接到充当刺客的任务。他同意了，念及老母又踌躇。他对组织说："我是可以立即动身的，现在只想了解一下，如果自己死了，剩下老母，那时候该如何替我照料呢？"

浙学会回复："不用去了。"

1906年，鲁迅居于东京的一幢公寓"伏见馆"，他二十六岁了，唇上留了一点胡须。他还不想回国，回国意味着成家。成家意味着过老式的日子，在绍兴生儿育女，做师爷或幕友。母亲拍电报催他回去。绍兴有一位名叫朱安的姑娘在等着他，她的年龄比鲁迅略大，家境也不错。但鲁迅对她没感觉，不想娶她。类似的婚姻，也发生在郭沫若、胡适的身上。

母亲再拍电报，称卧病在床。鲁迅赶紧启程了。

其实母亲没病，是催他回去完婚的。

鲁迅令人费解地同意了，在绍兴与朱安举行了旧式婚礼。

原来，他有个折中的办法：为母亲迎回了一位儿媳妇，却拒绝一个妻子。他拒绝和朱安同床共枕，一辈子为朱安提供生活的费用。朱安遭受了鲁迅迎娶式的逃避。按绍兴习俗，如果鲁迅不娶她，她很有可能永远嫁不出去，连生计都成问题。处于两难境地的鲁迅，将朱安的生活也考虑到了。

他拒绝朱安，拒绝新房的双人床。按"坐床"的婚俗，他端坐在床沿上。红烛灭了，她在等他。等到后半夜了，新娘子吞声哭泣，新郎泪流满面。

第二天，母亲发现他的眼睛浮肿。他不去拜祠堂。第四天，他带上周作人去了日本。

鲁迅归国后，到杭州的两级师范学堂教书。许寿裳在那儿当教务长，校长是沈钧儒。鲁迅教化学和生理学，兼博物学的翻译。他对学生讲生殖系统，面对一张张惊异甚至惊恐的娃娃脸，他面无表情，单用抑扬顿挫去表达。声音是他的表情，沉默是他的不满。他冷幽默。下面哄堂大笑，他的面部肌肉变化不大。

鲁迅讲课的风格、讲演的风格，形成于杭州的两级师范学堂。幽默这东西，一旦"热膨胀"，很容易油腔滑调。鲁迅懂得这个微妙的分界，专门写文章，告诫年轻人切忌油腔滑调。

我不知道像《星光大道》这样的电视节目，主持人及众嘉宾为什么一定要故作姿态、油腔滑调、表情夸张。为什么？讨好观众吗？

三十岁的鲁迅住着单身宿舍。学校里他是最能熬夜的教员，备课，读书，整理和学生们一块儿从野外采集来的植物标本。他抽强盗牌香烟，吃杭州有名的条头糕。这两样东西，校工每晚给他送上。物质生活比在日本的时候强多了。

学生有错，他一向宽容。

深夜他在小院徘徊，觉得天空奇怪而高。　　　·

香烟总是在手上，思绪袅袅在空中。然后，一个人卸衣上床……

沈钧儒去职，来了个新校长夏震武，强拉许寿裳陪他去孔庙"谒圣"，遭到许寿裳的拒绝。鲁迅给这位新校长起了个外号："夏木瓜"。很快，"夏木瓜"之名在教员们中间传开了。恼羞成怒的"木瓜"摆出了权力面孔，拉大旗作虎皮，惹得群情激愤。双方斗了几个回合，以教员们的胜利而告终。"木瓜"被撤职，学校开起了庆功会，鲁迅痛饮绍兴老酒。

这是 1910 年，离辛亥革命很近了。

鲁迅"升官"了，从杭州返回绍兴，在绍兴府中学堂做了学监。还是穿廉价的羽纱长衫，抽强盗牌香烟。还是形同单身汉……绍兴古城弥漫着革命的空气，人们公开议论三年前死去的秋瑾、徐锡麟。鲁迅一头短发，昂扬走在街上。绍兴府中学堂的学生们满怀敬意地望着他走过，悄声议论他与女侠秋瑾的友谊。

"革命"来了。

鲁迅带领一批学生迎接革命党，手持一把钢刀。有人叫他"拼命三郎"。一个学生队长问："万一有人阻拦怎么办？"

他回答："你手上的指挥刀做什么用的?!"

必要时，武装斗争。这一点，反抗者鲁迅不含糊。

革命党人王金发的队伍从杭州连夜开到了绍兴。穿蓝色军装的士兵们，穿草鞋，扛步枪，打裹腿，精神抖擞。绍兴城亮起了各种各样的灯：油灯、纸灯笼、玻璃方形灯、桅杆灯。没灯的人点起了火把。

革命照亮了千年暗夜。

绍兴光复前，王金发把涉秋瑾一案的胡钟生干掉了。

鲁迅出任绍兴山会初级师范学堂的校长。上任的头一天与全体学生见面，他戴一顶军帽。校长致辞，简短有力。下面的操场内响起了欢呼声。可是没过多久，绍兴的人看见革命的标志性人物王金发长胖了，满脸油光。他的太太阔起来了，在绍兴城抖起来了。他的爷爷坐四人大轿招摇进城，士兵列队去迎接。绍兴的士绅们用祖传的办法，群而捧之，拜帖如雪片，这个送衣料，那个送翅席。绍兴府虽然改成了军政府，进进出出的还是那些人。

思想者周树人冷眼观察。冷思索才有热效应……

城里忽然有了许多名目的革命党。不少人开口革命闭口革命，唯恐不革命。

城里和乡下的闲汉们兴高采烈，纷纷拥入军政府衙门，穿皮袍蹬皮靴，大摇大摆。

沉渣泛起，鱼龙混杂，沙粒怪异，面团人一群群，变色龙一条条，乱哄哄你方唱罢我登场。王金发变了，拒绝青年们提出的惩办杀害秋瑾的刽子手章介眉的强烈要求，说是"不念旧恶""咸与维新"。青年们愤怒了，发传单，办报纸，痛骂王金发，请鲁迅做他们的后盾。

鲁迅站到了王金发的对立面。思想者与权势者针锋相对。绍兴城一度盛传，王金发要派人杀鲁迅。鲁迅的母亲吓坏了，叫他到乡下去躲避。

鲁迅不走。夜里还上街，打着灯笼，灯笼上写着大大的"周"字。过了一段时间，平安无事。他还当校长。王金发虽然糊涂，却不至于暗杀他。

许寿裳在南京临时政府的教育部任职，请鲁迅去南京。教育总长是蔡元培。

1912 年的春天，鲁迅离开了故乡绍兴。

同年 4 月，临时政府迁往北京。鲁迅随教育部北上，住在宣武门外一条僻静的胡同——南半截胡同里的绍兴会馆。8 月，他升为教育部的金事，兼社会教育司第一科科长，是个高级干部了，月薪丰厚，权力亦大。于是，找他的人多起来，每日排着队，到他的办公室或会馆小屋。如果他愿意在官场中谋个前程、编织关系网、搭建利益平台的话，这是个好机会。

可是对鲁迅这样的人来说，有些机会根本就不是机会。

他看不见这些机会。许寿裳也被人拉去打麻将了，鲁迅不去。喝酒是可以的。

鲁迅的意识之所向，乃是时代。多年来他死死地盯住人，盯住个体不放，所以，他所看见的那个时代，跟他的同时代人看见的有巨大的差异。

人是怎么看见事物的？现象学抛出了这个根本性的问题。

尼采说：眼见为实是人类最大的认识误区。

人是谁？人是"角落站立者"。

教育部的同事们能看见鲁迅之为鲁迅吗？

鲁迅实在不喜欢形形色色的来访者。事实上，那些人怀揣的各种名利念头，他要么在脑子里一晃而过，要么视若无睹。

现代中国杰出的思想家，不得不置身于庸常官府、庸常的人际关系的纠缠中。他做教育部的高级干部，跟教育总长蔡元培的欣赏有关。后来，二人都从按部就班的政府部门转入了大学。蔡元培是现代教育的奠基人，鲁迅是现代思想和文学的奠基人。

思想家每天上下班。思想家夹着公文包匆匆走着，走过北京的一年四季。

此时他年轻，血气正旺。

尼采二十四岁就做了大学教授。尼采不结婚。斯宾诺莎不结婚，康德不结婚，叔本华不结婚……从二十来岁到四十几岁，鲁迅独处。朋友们结婚生子过起了小日子，鲁迅憋着。

换个词叫"元气自守"。这也是没法子，他并不像德国的一些哲学家拒绝婚姻。教育部拿高薪的官员，男欢女爱，阴阳调畅，似乎于他如浮云。

情爱之躯悬置，身体的能量都交给了思考。

鲁迅的这种未必自觉的元气自守，今日不妨细思之。

人一想问题，能量消耗大。

读、写、思的三位一体，乃是形成个体并强化自身的很有效的途径。青年鲁迅不知不觉上路了……

我们发现，坐沙发看影视剧，看半天脑壳不疼。看书一个小时，太阳穴有反应。尤其是看密度大的书、含金量高的书、经受了时间检验的书。

无数人一天到晚看手机，脑力的调动几乎为零。长此以往，群体前景不妙。

文化的两极分化，可不是危言耸听。脑力不去调动，大脑还是大脑吗？

文字是敞开的、发散的；电脑是收缩的——世界收缩为几个瘾头。

生活的虚拟化乃是生命的虚无化。

互联网叫作互抵网：事物的能量互相抵消，中午的热点吃掉上午的热点，关闭深度之关切。人的喜怒哀乐如同过眼云烟，催生浅表式生存、快餐式生存、无根性生存。

宅着活，坐着活，拒户外于千里之外。这种生存模式，远不如活跃于丛林的人类祖先。

物种有退化的趋势吗？

电脑正在掌控人脑。拇指独大，闲置了身体，封闭了潜能，扭曲了情力，削弱了心力（意志）。不单是青少年，老教授、老农民，一并受制于那个"瘾在逗"。哦，可怜的网虫啊……

人类拥有超强的技术不过几十年，人类驾驭这些技术需要时间。但是，在这个比较漫长的过程中，无力思考的人将付出生活质量的代价、生命质量的代价。

这里，恰好显现了思之力巨大的现实功用。

海氏尝言："面向思想之实事。"

时下的学者们却在讨论哲学是否有用。愚蠢的问题，显然有滋生愚蠢的土壤。

另外，大脑的能量与食物相关。春秋战国的士人能思考，目光远，与他们多吃牛羊肉有关系吗？宋代的士大夫长于思索，是否也跟常吃羊肉有关？苏东坡说黄州的猪肉贱："富者不肯吃，贫者不解煮。"南宋有民谣："苏文熟，吃羊肉；苏文生，吃菜羹。"

海德格尔八十岁，每天高强度工作十个小时。大师爱吃牛排，六分或七分熟。托尔斯泰七十多岁，胃口好，体健如牛，在他的波良纳庄园干重体力活，耕地、车水、割草、收麦子；上午劳心，下午劳力，一身泥巴下河洗澡……托翁专门讲了劳心与劳力的美妙结合。写完《安娜·卡列尼娜》后，作家痛痛快快割了七天草。这场景，打动我三十年……

总之，人要动起来，朝着四面八方动起来。劳动者，运动者，总是朝气蓬勃的样子。

西方人也不大睡午觉。体能与饮食传统有关。

歌德、雨果、萨特、福柯、毕加索、海明威，他们的肉体疯狂，并不妨碍其卓越的精神创造力。而中国历代智者、文豪，大约找不到一个登徒子。

这个现象是本文刚刚捕捉到的。

思想家，先决条件之一，是身体能量。

看来，成大事者，元气自守是必要的。

思维形成穿透力，非有能量的非凡聚集不可。本文在这个角度阐释鲁迅，是个意外，事先没想到。这个阐释，自然会通向其他领域的脑力工作者。

《品西方文人3》之"尼采"中有个被编辑删改的句子：一旦下笔，就比我更多。

写作是什么？写作是思绪在纸上的延伸。不写，想不远。口头表达也是好的，激烈争论更好。

好作家有三器：思绪弹射器、情绪加热器、信息处理器。

陆游评价苏东坡词"觉天风海雨逼人"。

鲁迅在北京的教育部，越来越烦那些敲门者，有时候甚至对敲门者非常不客气。

一个不愿意把别人当成敲门砖的人，自己也不愿成为别人的敲门砖。

鲁迅说："无端的空耗别人的时间，其实是无异于谋财害命的。"

我记得，十余年前，德国的汉学家顾彬先生说：中国的作家到处吃饭。

名流请名流，饭局真多，人五人六地笑递名片，勾肩搭背互拜码头……

海明威打过一个比方：纽约的作家们，就像装在瓶子里的搅成一团的蚯蚓。海明威是活出个性之张力的西方典型。我不知道海明威的活法是否空前，但很难有后继者了。谁去猎雄狮、打鳄鱼呢？这个属于大地与海洋的小说家，视纽约高楼下的作家如蚯蚓。

面团人的相互勾搭、百事纠缠乃是常态。

乡愿、两可人、骑墙之辈，各自盘算私利，又要凑到一起。单位或公司的大楼里，这个景观会长存。只要基础性的东西在那儿，它就会变着花样上演悲喜剧……

鲁迅下班抄古书，研究嵇康，翻阅大量佛经，惊叹我佛释迦牟尼的伟大。

他也扭头盯着窗外，抽大量劣质香烟，郁闷复郁闷，能量在悄然聚集。

袁世凯在列强的支持下，继续做着临时大总统。教育部的旧势力占了上风。

袁世凯复辟，当皇帝。年号叫洪宪。这是 1915 年 12 月。

初，教育部删除了美育。鲁迅写日记："此种豚犬，可怜可怜！"

蔡元培提倡以美育代宗教，初衷是好的。不过，美育对大众的普及是个难题。让终年劳累的农民欣赏陶渊明吗？让一般市民欣赏古代的音乐、绘画和书法？

士大夫的审美情趣大规模向民间转移，可能还需要数百年。真是过于漫长了。

时至今日，一般人要欣赏《兰亭序》《寒食帖》《辋川图》《富春山居图》，真不是轻而易举的。欣赏古典音乐更不易。艺术品历千年，从来拒绝吹糠见米式的轻佻靠近。

在追逐速度的互联网时代，靠近艺术品更难。

环境，心境，大异于古典作品产生的土壤与生活意蕴。水泥森林中拉二胡，弹古琴，横笛吹箫抱琵琶，听上去只是怪诞，不搭调，费劲，别扭，无趣，最后归于莫名其妙。

音乐失掉野地不复是音乐。西洋乐器也不例外，除了宣泄型的重金属打击乐器。

野地意味着什么？意味着人在天地之间，意味着人被生活的意蕴层层层包裹。

一切弹奏、歌唱与倾听，都源自生活方式形成的心理积淀。乐感有先天差异。

我本人反复听邓丽君，听农耕文明之余韵，《又见炊烟》《小城故事》《原乡人》《郊道》《四季歌》《小放牛》《在水一方》《雪中莲》《微风细雨》《天涯歌女》《采红菱》……二十年听不够。什么原因呢？有一些极为诱人的生活场景，只能凭借歌声才能隐约看见。

影视再现不可能了。影视比之音乐，是次一等的艺术。

审美缺失，人要吃亏的，花掉许多冤枉钱，比如把小孩送进二胡或古琴培训班。现代生活不配古典乐器。单是建筑就不配。水泥森林有一种显而易见的圈闭功能。

家居装饰、婚庆公司之类，大面积的愚蠢显摆，目前还看不到头。归根到底：人不能成为独立之个体，注定要活向他人，一群群活得似一饼粘（芝麻饼上的芝麻）。

试问今日之豪宅，何处可比苏东坡的黄州临皋亭呢？几席之间，波涛掀天。审美之眼足以使天地生辉。生活质量首先是人的质量。

教育部的干部鲁迅转向儿童教育，翻译《儿童之好奇心》《儿童观念界之研究》，出席第一届全国儿童展览会开幕式，后来又翻译《表》《小约翰》《坏孩子和别的奇闻》……

一百多年后的今天，这个领域更艰难。

今天要追问：儿童是什么意思？这个无处不在的常用词，究竟是什么意思？

儿童不知少年，少年不知青年，这才是健康的年龄段特征。

如果儿童有自足的童真世界，那么，他就根本不知道成年人为何物，不会去操大人腔。他听而不闻，视而不见。他忙得很，每天跟草木虫鸟裹成一团，玩体育，找伙伴，追星星，捉风头，天地间充满了新鲜感，充满了妙不可言的想象物。

儿童是想象与现实的混成态。

托尔斯泰曾表示，研究自由的孩子是教育的最大课题。

正常的儿童是感觉不到自由的，因为自由就是他自己。大书包来了，做不完的作业，学不完的所谓（！）知识，天性受到各个方向的阻挡、阻击、圈闭、围堵、切割，他痛失自由才痛感自由。但是他弱势，他处于没完没了的弱势，表面上却是全家的宝贝。他晕了头。生活就是一连串的晕头转向。他茫然，他无助无尽头，他用尖叫来抗争，尖叫长达半个小时甚至一个小时，叫破嗓子而不管，他是豁出去了，器官还属于他吗？器官还是器官吗？四面八方谁听他的绝望呢？谁心疼他的咽喉？谁又把心疼一把抹去？

抹去的一刹那，尖叫往前推了。

尊重生命的前提是理解生命。

看几眼德国的幼儿园吧。美国的小学生，三年级才学复杂的计算……

人的一辈子，儿童期是最珍贵的。这个年龄段意味着无边的惊奇、无限的可能性、无穷无尽的低沸点欣悦。儿童一年的饱满度、丰盈度，可抵成人后的十年。

不想长大的孩子才是孩子。不屑于知道成人世界的孩子才是孩子。

人的生存固化，一般起于青年，强化于中年。人一固化，意思就不大了。

个体质量小，固化概率高。固化意味着：生命不再更新了。

"人在诸物中稳如一物"（海氏语）。人的自我物化古已有之，眼下大抵举目皆是，从念头的产生到走路的样子。所谓人，终于是一块石头。石头没有时间的流动。石头是其所是。壮年中年已是垂暮之年。比如：生命中只剩下几场牌……

鲁迅先生不固化，盖因他小时候孩子气十足，大起来又长于思索，顺藤摸瓜反观自身。所以他格外看重童年。这个话题，本系列极看重，后面还要谈。

民国初年，思想在北京的一条小胡同里高速运转。

鲁迅一头扎进古书。为了前行，他回思历史，获得一段助跑以跃入当下。他辨认着黑暗。针对历史进程中的毒素，他携带着强大的异质性力量，跃入历史的深潭。他清点着历史的有毒物质，寻找那颗支配着无数吸盘的魔鬼般的章鱼头。

礼教，这狰狞的章鱼之头。鲁迅自己就是礼教的受害者。那位在绍兴默默地陪着母亲的无辜的朱安……

六年过去了。鲁迅郁积着巨大的攻击力。是的，郁积。近乎阴郁之郁积。

思想者身在负能量中，思想者以身试毒。

地火在运行，岩浆在奔突，自动寻找着喷射点。

阴冷而孤独的六年，鲁迅先生完成了自身的修炼，朝向更高、更强、更坚硬、更具韧性。

同时他也攒着钱，准备在北京买房子，把母亲和朱安都接过来，让两个弟弟的家人一同住进来。老大要在北京安顿一大家子，一个都不能缺。这位高级干部抽劣质烟，喝廉价酒，头发长，胡子乱，一日三餐无规律；衣服和鞋子都是旧的，破了自己补……

法国哲学家萨特说他总是穿相同的衣服。

鲁迅多年的郁闷也包含了性苦闷。大脑不间断的运思强占了身体。

1918年春季的某一天，老朋友钱玄同来访，带来了一本《新青年》杂志，请鲁迅写一点文章。鲁迅淡淡的，他说了一段后来被无数次引用的话："假如一间铁屋子，是绝无窗户而万难破毁的，里面有许多熟睡的人们，不久都要闷死了，然而是从昏睡入死灭，并不感到就死的悲哀。现在你大嚷起来，惊起了较为清醒的几个人，使这不幸的少数者来受无可挽救的临终的苦楚，你倒以为对得起他们么？"

鲁迅抽了几支烟，才同意给《新青年》写稿。

这一年的5月，白话短篇小说《狂人日记》问世。这是漫长的封建礼教史上的第一声惊雷，也是中国现代小说的第一块奠基石。中国现代小说自《狂人日记》始。

小说写一个患有受迫害妄想症的"狂人"。且看"狂人"的感觉世界："早上，我静坐了一会。陈老五送进饭来，一碗菜，一碗蒸鱼；这鱼的眼睛，白而且硬，张着嘴，同那一伙想吃人的人一样。吃了几筷，滑溜溜的不知是鱼是人，便把他兜肚连肠的吐出。"

"古来时常吃人，我也还记得，可是不甚清楚。我翻开历史一查，这历史没有年代，歪歪斜斜的每叶上都写着'仁义道德'几个字。我横竖睡不着，仔细看了半夜，才从字缝里看出字来，满本都写着两个字是'吃人'！"

仁义道德吃人，谁愿意去看这样的历史呢？或者说，谁有能力去看呢？鲁迅看了，看得仔细。粗看就滑过去了。鲁迅在《论睁了眼看》中说:"中国人向来因为不敢正视人生,只好瞒和骗,由此也生出瞒和骗的文艺来。"

直面人生的鲁迅,发现了瞒和骗。两个字,概括了多少事,多少怯懦的、丑陋的内心。

直面惨淡的人生,正视淋漓的鲜血。

战士鲁迅,如此登场。《狂人日记》的主题只有几个字——礼教吃人。

强者吃弱者,弱者又吃更弱者,于是吃人的筵席就排得很长了。人肉筵五花八门。

清朝中叶的思想家戴震说:"后儒以理杀人。"理,是清朝盛行的程朱理学,是"存天理,灭人欲"的那个理。曹雪芹与戴震气息相通,所以才写出豪门大族的那么多惨剧。

封建统治者在举起屠刀的同时,玩弄着各式各样的软刀子。鲁迅反抗屠刀,又辨认软刀子。辨认的艰难在于:仁义道德贯串了封建社会的教育体系,渗透到各地的风俗。

仁义道德,在它的源头上、在孔子的思想体系中不是这样的。历代杰出的儒者、文人,亦在强力维护着这个源头。即使封建统治阶层,也从来不乏敢于为民请命的"中国的脊梁"。

而鲁迅在当时,必须亮出彻底反封建的战斗姿态。

针对封建礼教的极端化、日常化,必须以另一个极端来揭示它。否则,礼教强大的遮蔽功能将抵消任何揭示的力量。

思想的高速运行显现了穿透力。1907年,二十七岁的鲁迅写《文化偏至论》,亮出了他的辩证思维。偏执有洞见。或者说,偏执的洞见。尼采的哲学中，偏执的洞见很多。

思之力，并无现成的制动系统。先要动起来，火箭般冲出大气层……

在这里，思之力乃是杀伤力。

《狂人日记》是岩浆的喷发点，从此，鲁迅一发不可收。六年的沉默、沉积，来了个大爆发。

《药》。

《祝福》。

《故乡》。

《孔乙己》。

《铸剑》。

《在酒楼上》。

《阿Q正传》。

《黄花节的杂感》。

《记念刘和珍君》。

《为了忘却的记念》。

《中国人失掉自信力了吗》。

…………

不知鲁迅先生看没看过卓别林的电影。如果让卓别林来演阿Q，那才叫绝呢。

让人笑得直想哭。这是什么样的艺术？现实主义、批判现实主义、象征主义、现代主义、后现代、荒诞派、黑色幽默……什么样的文学标签不能贴？

电影、电视剧，应该重新演绎这部划时代的文学经典。

鲁迅作为艺术大师，其艺术形变的能力之强，令人感到不可思议。从小说到散文诗《野草》，到《故事新编》，到杂文。顶级艺术，向我们保持着它的神秘性，就像《红楼梦》。

读阿Q，笑得想哭，又哭不出声，为什么？因为太多的人在阿Q身上嗅到了自己的气味。又不好明说，大家装糊涂，反指别人是阿Q。

麻烦在于：某些人反指别人是阿Q的时候，更靠近阿Q。

阿Q无处不在，布下了国民劣根性的天罗地网。

这部几万字的中篇小说，于1921年起连载于《晨报副刊》，署名巴人。副刊编辑孙伏园每隔几天到鲁迅的住处催稿。杰作，是催出来的。初看像滑稽小说。很有些读者笑到一半便停下，疑神疑鬼地瞅瞅也拿着报纸的其他人……

官绅阶层，智识阶层，神经过敏者尤多。他们被击中了。灵魂深处那黑乎乎的一团东西，突然被射入了一道强光。这强光，仿佛来自天外。

强光来自历史的深处。强大的光源射向未来。

阿Q自轻自贱又自傲，善于自欺欺人。他有个口头禅："我们先前——比你阔的多啦！"

中国落后于西方国家，打不过西方列强，阿Q的这种语气当时很流行。提倡国粹、"整理国故"的声音一波又一波。平心而论，鲁迅先生有偏颇。偏颇却有洞见。当时的中国遭列强凌辱，受列强欺压，被列强在各个领域百般算计，自身又搅得一团糟，却总有人高叫："中国的精神文明冠于全球！"

这口号即使无大错，也叫得不是时候。

更何况，关于中国固有之精神文明，很多东西要重新回首。

鲁迅是回首华夏文明的伟大先驱。他想借助西哲的力量，清理中国传统文化中的毒素。这需要非凡的眼力。以胡适辈的中庸、伪善、两可，身在大学而偷眼权贵，焉能看到这一层？

这才是重振民族自信心的战略性眼光：鲁迅终其一生，是致力于让固化的华夏文明得以疏松，让国民的种种劣根性得以揭示。

鲁迅是历史性的鲁迅。今天，是辨认他的伟岸身影的更好的历史时机。

《阿Q正传》编入小说集《呐喊》，一经问世，轰动全国。连云南昆明这样的西部偏远城市也供不应求。小说连载到第四章，茅盾惊叹这是一部杰作。

鲁迅剖析国民魂灵的手术刀，首先对准他自己。

混合了自卑与自傲的"自欺欺人"的心理模式，是鲁迅揭示的。

由此生发了这种心理模式的对立面：勇于解剖自己；触及灵魂；人贵有自知之明；批评与自我批评……20世纪六七十年代，人们对这些句子耳熟能详。

鲁迅以轻松的笔调为阿Q画像，同时检点着自己身上的阿Q因素。

比如"忘却"。鲁迅显然敏感于这个词，他目睹了那么多锥心的事，想忘却，但忘不了。推己及人，他发现了国人的忘却。

阿Q是很能忘却的，到钱庄赌钱，输了一大把，想不通，于是自抽嘴巴，似乎打人的是自己，被打的是别人，于是，他心满意足地倒在了土谷祠的干草地上，呼呼入睡了。甚至到了砍头示众的时刻，"他一急，两眼发黑，耳朵里喤的一声，似乎发昏了"。可是转眼的工夫，阿Q又忘却了，"很羞愧自己没志气：竟没有唱几句戏"。

末了，他无师自通来一句："过了二十年又是一个……"

身首异处的一刹那，他还惦记着去博取看客们的喝彩。忘却到死。

鲁迅对各种类型的"忘却"深恶痛绝。

然而，忘却也是弱者的特征，弱者的生存术。此一层，鲁迅先生思未深也。试想：如果阿Q不善于忘却，桩桩屈辱铭心刻骨，他还能在未庄混下去、活下去吗？悲剧多了，忘掉悲剧，才能摆脱残酷生活的纠缠，忘得越快越好。

忘却的极致，在鲁迅的笔下。

鲁迅先生对阿Q们、对孔乙己们，对鸭子般伸长颈项的可怜又可恨的看客们，是"哀其不幸，怒其不争"。

作家"揭出病苦"，是为了"引起疗救的注意"。

中国灵魂手术之第一刀，鲁迅当之无愧。

但是很多人并不这么想。小说刺激了他们的神经。

有人在《现代评论》上撰文评价鲁迅："鲁迅先生站在路旁边，看见我们男男女女在大街上来去，高的矮的，老的小的，肥的瘦的，笑的哭的，一大群在那里蠢动……鲁迅先生的医究竟学到了怎样一个境地……我们不得而知，但我们知道他有三个特色，那也是老于手术富于经验的医生的特色：第一个，冷静；第二个，还是冷静；第三个，还是冷静。"

写《包法利夫人》的法国作家福楼拜，同样保持着外科医生式的冷静。

冷收缩反衬热膨胀。冷与热的辩证法，鲁迅体验最深。

契诃夫的特点，俄罗斯人总结为：淡淡的幽默。介于冷热之间的淡淡的幽默，可能是契诃夫经过曲折的探索之后找到的喷发点。而读过契诃夫的人都知道，这位伟大的小说家对俄罗斯抱着怎样火热的感情。

鲁迅很喜欢契诃夫。二人都学医。契诃夫是医生，长期跑乡村，免费为穷苦农民治病。

《阿Q正传》自问世以后，数十年间一直处于激烈争论的中心。争论的焦点是：阿Q这个艺术形象，是否指向中国社会各阶层？阿Q的时代一去不复返了吗？

学者作家们卷入了这旷日持久的大争论。而争论本身，又折射了不同的时代、不同的眼光和心态。这是小说的延续，这是文本的生长。

一石激起千层浪。惊涛拍岸不停息……

郭沫若说："旷代文章数阿Q。"

茅盾说："我们有时自己反省，常常疑惑自己身中也免不了带着一些'阿Q相'……作者的主意，似乎只在刻画出隐伏在中华民族骨髓里的不长进的性质，——'阿Q相'。"

郑振铎说："这个阿Q，许多人都以为就是中国人的缩影。"

钱杏邨则批评鲁迅："不但没有抓住时代，而且不曾追随时代。"

鲁迅自己说："要画出这样沉默的国民的魂灵来，在中国实在算一件难事……我也只得依了自己的觉察，孤寂地姑且将这些写出，作为在我的眼里所经过的中国的人生。"

1933年，鲁迅在《再谈保留》一文中又说："十二年前，鲁迅作的一篇《阿Q正传》，大约是想暴露国民的弱点的。"

鲁迅认为："中国国民性的堕落……最大的病根，是眼光不远，加以'卑怯'与'贪婪'，但这是历久养成的，一时不容易去掉。"这"一时"是多久，鲁迅先生没有讲。

几千年形成的病根，一二百年难以去掉。历史有不易察觉的惯性。

法国作家罗曼·罗兰读《阿Q正传》深有感触，他写道："可怜的阿Q将长久地留在人们的记忆中。"可见，国外也不乏阿Q。

毛泽东在《论十大关系》中指出："《阿Q正传》是一篇好小说，我劝看过的同志再看一遍，没看过的同志好好地看看。"真该好好地看看。一本好书，不妨看十遍八遍。少年看不懂，过几年再看，有了人生阅历再看。

一般来说，严格意义上的好书是不大叫人愉快的。卡夫卡、伍尔夫、契诃夫、加缪、海明威、杰克·伦敦……文学大师们叫人愉快吗？

在时下的语境中，阅读变成"悦读"，真是一大笑话。浅阅读严格对应浅表性生存、快餐式生存。米兰·昆德拉发现了这个，写《生命中不能承受之轻》。

鲁迅探究国民性由来已久，《呐喊》是一次集中喷发。他要"救救孩子"，免得他们长大后，"昏天黑地的在社会上转"。

到了 21 世纪的今天，我们很遗憾地发现，阿 Q 还在到处走，虽然他已经不戴毡帽，不唱"我手执钢鞭将你打！"。怯懦、油滑、轻佻、短视、中立、骑墙、两可；麻木、侥幸、忘却、投机、算计、钻营；自卑、自傲、自欺欺人、盲目自大、装腔作势、欺软怕硬、鬼头鬼脑、嬉皮笑脸、娱乐至死……

商界学界文艺界演艺界的阿 Q、市井的阿 Q、农村的阿 Q、机关大楼里的阿 Q……

20 世纪 20 年代初，鲁迅成为新文化运动的一面旗帜，"颇激动了一部分青年的心"。他的作品吸引了大批追随者。追随者众，意味着那个年代数不清的青年在思索。

鲁迅仍在教育部做金事，后来兼了北京大学的课，讲《中国小说史略》。1919 年，他花掉多年积蓄，卖掉绍兴老屋，在八道湾买了房子，将母亲、朱安和弟弟接来同住。

他回过一次绍兴，闰土（运水）来看他，当初的英俊少年变得木讷、迟钝，四十来岁已是满脸皱纹。鲁迅写下著名的《故乡》，忧郁的目光瞄准饱受欺压的底层民众。

运水对鲁迅毕恭毕敬，说："大少爷，你做官，做老爷了……"

运水唤他的儿子："启生，给老爷磕头！"

只有磕头这句加重了语气。鲁迅先生茫然。

运水挑了周家老屋的两条长桌、四把椅子、一副香炉和烛台、一杆抬秤。又犹豫着开口，要了老宅所有的草灰做肥料。

运水送给鲁迅的，是一些干青豆。运水说："冬天没什么东西了……"

鲁迅先生怅望运水渐渐远去的背影。

看穷人仔细，是中国历代大文人的特点。

"长太息以掩涕兮，哀民生之多艰。"

"穷年忧黎元，叹息肠内热。"

"卖炭翁，伐薪烧炭南山中……"

鲁迅回故乡卖祖屋，却干了一件很不该干的事。他烧了爷爷的日记。

林贤治《人间鲁迅》："烧到祖父的日记时，建人不免犹豫。桌子般高的两大叠日记。线装得很好的日记。用红条十行纸抄写的字迹工整的日记。他向大哥道：'这日记也烧掉么？'

"'是的。'鲁迅答道，但接着问，'你看过么？'

"'还来不及看。'

"'我翻了翻，没有多大意思，买姨太太呀，姨太太之间吵架呀，写这些有什么意思？'

"建人忆起祖父临终前发高烧的时候，还在记日记，心里想，

总不至于都写姨太太罢？于是说：'他一直记到临终前一天的。'

"'要带的东西太多，还是烧了罢！'

"这样，两大叠日记本子，连同当年皇帝赐封的两副诰命，都付之一炬了。"

鲁迅这一烧，九泉下的祖父和父亲都要流泪。真不该，非常不好。

年近四十岁的鲁迅，烦祖父身边的姨太太们。那么多日记本，鲁迅何以单单敏感姨太太？生存情态决定意识的向度。性苦闷旷日持久。

烧日记的执念，有多少潜意识的含量呢？这一层，鲁迅有能力反观他自身吗？

可怜的爷爷，临终的前一天还在记，那身影、那面孔、那握笔的颤抖的手，将近不惑之年的长孙鲁迅却拒绝回忆。真惨。祖父的手，曾经拿出一万两银票为儿子谋前程，家产几乎罄尽……

祖父的日记不仅有家族记录，更有官场的、科场的、社会的记录，恐怕有百万字。

绍兴一把火，天堂泪如雨。这是何必？

鲁迅先生的反封建肯定有反过头的地方，我们不必为尊者讳。

1918年，鲁迅介入《新青年》的编辑工作前后，他的小说、杂文，皆呈井喷之势。北京的刘师培等人筹备《国粹学报》《国粹汇编》复刊，鲁迅写信对钱玄同说："中国国粹、虽然等于放屁、而一群坏种、要刊丛编、却也毫不足怪。该坏种等，不过还想吃人……"

信的末尾又挖苦:"然既将刊之、则听其刊之、且看其刊之、看其如何国法、如何粹法、如何发昏、如何放屁、如何做梦、如何探龙、亦一大快事也。国粹丛编万岁!老小昏虫万岁!"

烧祖父日记,骂国粹丛书,做过头骂过头了。

鲁迅这是明确地以极端反制另一个极端吗?不是。他意识不到这个。他干了,助推他的是潜意识。此后十几年,他并未有效地清理那些盘根错节的潜意识。

也许无人做得到,包括弗洛伊德和荣格。

人类三大盲点,此其一也。突破盲点可能还需要千百年。

1919 年,巴黎和会在美、英、法、意、日的操纵下召开。强权对公理,完全不屑一顾。中国被列强任意宰割。五四运动爆发,北京的学生们挺进东交民巷的使馆区,受武装到牙齿的警察阻拦,转向赵家楼胡同的曹汝霖住宅。学生痛打卖国贼章宗祥,火烧曹宅。

参加了游行的孙伏园发现,鲁迅先生很冷静。

他还是盯着个体。一年后的 5 月 4 日,他在写给友人的信中说:"近来所谓新思潮者,在外国已是普遍之理,一入中国,便大吓人;提倡者思想不彻底,言行不一致,故每每发生流弊……他国思潮,甚难移殖。"

鲁迅说,中国人缺"个人的自大"。

沙多,人少,风大。沙聚之邦转为人国,前路十分遥远,岔道扑朔迷离。

近三百年的清朝统治，人被处理成沙，人群大面积沙化，人的面目风化。而汉、唐、宋一千多年，中国人创造了辉煌的文明。个体有生长的空间。尤其是宋人，善于生活在别处。

鲁迅一度热衷世界语。这位深谙汉语之妙的作家，跃跃欲试，想拿母语开刀。他和周作人、钱玄同等人在八道湾嘀咕，想要废除汉字。

19世纪，别林斯基对一个出国的朋友喊道："没有普希金你怎么活？尤其是在异国他乡！"

普希金改造了俄罗斯的语言。民族自信，首先是（！）母语自信。

托尔斯泰盛赞契诃夫："您是非常非常俄罗斯的！"

如果没有从普希金、别林斯基到契诃夫的几代作家、批评家、艺术家的努力，俄罗斯不可能有极坚实的文化自信。文化自信是民族自信的核心。21世纪，跌入苦难深渊的俄罗斯重新崛起……

鲁迅的彷徨，主要是因为国家的屈辱，奇耻大辱。他把汉字、汉语视为民族衰弱的病根。

家的败，人的败，国的败，有一条连接三者的隐秘线索。鲁迅，也是盲区中的鲁迅。

四十岁的鲁迅在犹疑、徘徊。他翻译，他写作。在北京寒冷的冬夜里他寻找火。

他在北京大学讲《中国小说史略》。胡适多次拜访八道湾，与鲁迅先生长谈。

金岳霖、钱锺书、胡适、朱光潜都爱看古典小说。鲁迅也不例外。这个比较普遍的现象说明什么呢？

司马光写《资治通鉴》，参考的小说、笔记多达几百种。野史小说有民间的真实性。

毛泽东很爱看《三国演义》，他无与伦比的战略性军事眼光受益于这部小说。

鲁迅在北大开课，学生们奔走相告。"预备钟还未敲响，教室里已经没有虚设的座位了。两人一排的座位常常挤坐着四五个人，找不到座位的就站在门边，走廊，甚至坐在窗台上。"

其他系的学生也来听先生的课。"有一种沙沙的细响发出，如千百只甲虫在干草上急急爬行，那是许多铅笔在纸片上作着记录。"

鲁迅讲课，既有宏阔的历史把握，又有微观的、不动声色的细节生动。

林贤治描绘鲁迅："常穿的一件黑色的短短的旧长袍，臂弯上、衣身上打着惹人注目的补钉，皮鞋的四周也都缝补过。不常修理的头发粗而且长，根根直立……说起话来，声音平缓而清晰，既不抑扬顿挫，也无慷慨激昂，那拿着粉笔或讲义的两手，也从来没有作过任何姿势去演绎他的语言。"

"单是为了评述《水浒》，他就查看了一千多万字的古籍。"

思想家的目光穿过了故纸堆。打进去，冲出来。而古往今来的泥古学者多如牛毛。

中国古典文献浩如烟海，打得通是好汉，打不通则麻烦。

哲思，血性，有助于打通。

鲁迅说："一部《水浒》，说得很分明：因为不反对天子，所以大军一到，便受招安，替国家打别的强盗——不'替天行道'的强盗去了。终于是奴才。"

"若要官，杀人放火受招安。"

鲁迅谈《三国演义》中的诸葛亮："状诸葛之多智而近妖。"

鲁迅点评贾宝玉："悲凉之雾，遍被华林，然呼吸而领会之者，独宝玉而已。"

贾宝玉对大观园的姐妹们"昵而敬之"。贾宝玉在命运的高度注视着她们。

《红楼梦》写人："和从前的小说叙好人完全是好，坏人完全是坏的，大不相同。"

"正因写实，转成新鲜。"

鲁迅特别推崇《儒林外史》《红楼梦》《金瓶梅》，认为这几部小说具有真实的、讽刺的力量，表现了中国罕有的人道主义的胚芽。

鲁迅上课时的语速不快，往往一语中的，停顿的几秒钟依然是表达。沉默是有意味的沉默。传授知识是为了启人思。一流的教师和一流的演讲者皆如此。

"下课以后，他仍然处于被包围状态，有些学生甚至跑到途中截获他。他备有一根铅笔，来不及回答的问题就用它速记下来。"

爱智慧是天然现象。启人思的老师自然受欢迎。可惜鲁迅的讲课录音未能传下来。

他点评古典小说，几句话，胜过眼下学者们的厚书。这个现象说明什么呢？我订了许多年的《鲁迅研究月刊》《红楼梦学刊》《文学评论》，记不住一篇文章。也许有潜移默化。但《宋词三百首笺注》一类的书，古人的点评与鲁迅的文风相似，三两句，直取宋词的要害处。

《道德经》《论语》《庄子》，加起来才十万字上下。亿万字的学术著作能敌否？天文数字般的网络文字能敌否？

看来，书与书的差距要用光年来计算。

中国古典文学研究，是否走了大弯路呢？学院里的学刊，有价值的人文洞见可不多。

人文科学的研究方式臣服于自然科学的研究方式，很可能是问题的症结所在。"人文科学"这个词，本身就有问题。科学是一把"双刃剑"，不是正确的同义词。

科学寻找自然规律，而不是发现生活的意义。人，首先是寻找意义的人，探索价值关系的人，置身于是非曲直的人，栖居于风俗道德的人。

海德格尔："语言是存在的家，犹如云是天上的云。"

语言的抽象规定了一切具象。语言的细化开启世界的细化。汉语的细化程度是极高的。

人之为人，首先是语言。民族之为民族，首先（！）是母语。

眼下的语文教学，应当回归语文的本质：阅读，作文。

我熟悉的一些城市，老师们不怎么看书，甚至一些老师根本不看书，羞于或不屑于捧书卷，已经持续很多年了，打麻将、打纸牌倒是成风。

为人师表者，大赌小赌。

他们算牌，费尽心思；他们扎堆说牌，唾沫互溅；他们回想牌局，辗转难眠。

真丑。

孩子们却要被送到他们的教室，接受他们的所谓教育。

当年有一些市井的常用词，现在不多见了：赌徒、赌棍、赌博犯。

不多见了……

师道尊严，如何尊严？

鲁迅居住的北京八道湾，来了一位苏联的盲诗人爱罗先珂，长得白皙，英俊，灵气逼人，随身带着一把六弦琴。他上台演童话剧，唱《国际歌》。他在北京女子师范大学做讲师，考虑学校经费困难，多次退还薪金。他在北京各校演讲，受欢迎程度不亚于鲁迅、冰心、胡适。

深夜，他独自弹唱："寂寞啊，寂寞啊，像沙漠一样的寂寞啊。"

有一天他忧心忡忡，对鲁迅说："将来的科学家，会不会发明一种奇妙的药品，注射到谁的身上，谁就会立即甘心去做服役和战争的机器呢？"

真正的诗人都是先知。第一次世界大战结束几年了，工业文明的中心欧洲，正在酝酿第二次世界大战。在德国，十亿马克买不到一块面包。法国人赢得了战争，法国知识分子却发现人类输掉了文明。人的活着，突然失去了一切意义。塞纳河上漂浮着自杀者的尸体。斯坦因女士在巴黎对海明威等人喊道："你们全是迷惘的一代！"（参见拙作《品西方文人1》之"海明威"）

眉清目秀的盲诗人爱罗先珂，极爱小动物，他劝周作人的妻子信子养蜂，养鸡，养猪，养牛，养骆驼。他说："小鸟都是人类的佳宾……"

人类却互相残杀。科学家们绞尽脑汁研究杀器。受压迫的国家和民族不得不奋起自卫。

盲诗人写下大量童话。他像托尔斯泰一样爱着全人类，所以，他的忧愁无边无际。

爱，就是恨。邪恶何其广大。

西方人说：魔鬼比上帝还要原始。

鲁迅翻译了爱罗先珂的童话《桃色的云》，其中的重要角色土拨鼠，像盲诗人一般说："我想爱一切。不，我爱一切的，想做一切的朋友的。然而一切都不将我当朋友，因为我是土拨鼠……"黑暗洞穴中的小小的土拨鼠想冲破黑暗。盲诗人感慨，土拨鼠就是他自己。

夜深人静了，鲁迅和爱罗先珂在庭院中散步。一只土拨鼠和另一只土拨鼠。

"惯于长夜过春时……"

盲诗人在北京情绪激烈，"他猛烈攻击中国的传统制度和文化，称之为'过去的幽灵''可怕的恶魔'，而中国，则是'最旧的习惯、最固执的成见和最牢固的迷信的一个最旧的国家'"。

《人间鲁迅》："对于爱罗先珂不说中国的好话，鲁迅是极为欣赏的。"

鲁迅正在黑暗的洞穴中刨土前行，洞口却不知在何处。卡夫卡《地洞》《城堡》《变形记》：绝望是绝望本身，暗夜并不是黎明前的暗夜。

理解五十岁以前的鲁迅，这是紧要处。

回首历史总不堪，鲁迅抨击中国人的"好古"。

值得注意的是：唐宋六百多年，士大夫普遍推崇古代，有一种深入骨髓的华夏文明自信。近代中国挨了西方列强痛打，知识分子就觉得自己生活的国度，这也不行那也不行。

反思是必要的，某一时期反思过头，大约也正常。

思想的冲击力，思想者未必能掌控自如。

20 世纪 20 年代，罗素、泰戈尔先后来中国访问，他们对古老的东方文明赞誉有加。鲁迅反感泰戈尔，不读罗素。而在欧洲，罗素对西方价值观的批判毫不留情。"一战"后，德国思想家施本格勒《西方的没落》一书销量剧增。

近现代的西方大师们，批判西方价值是主流。对象性思维乃是西方价值的核心，主客体对立，"主体性的全球起义"，威胁着作为人类家园的行星之命运。

海德格尔断言，西方思想从来没有让一朵鲜花绽放。

而中国古代诗人的审美之眼，让鲜花漫山遍野。人是谦卑的人、朴素的人，并不物欲汹汹，更不会凌驾于自然之上。人是永久性地不狂妄，"寄蜉蝣于天地，渺沧海之一粟"。

苏东坡有一句最具价值的诗："良农惜地力。"地力，绝不是（！）无穷无尽的。

如果雨果、托尔斯泰、海德格尔访问中国，他们对这个文明古国的欣赏不会少于罗素。

忧伤的盲诗人有盲点。"最旧的国家"是什么意思呢？什么是旧？柏拉图或亚里士多德很旧吗？《道德经》《论语》《庄子》很旧吗？这些轴心时代的古人击中了任何时代。

奋力挖掘的土拨鼠有了一点光感，并不知道光源来自哪个方向。

1922 年 3 月，北京知识界有一件大事，未能引起鲁迅的关注。世界基督教学生同盟定于 4 月 1 日在清华大学召开第十一次大会，一个叫"非基督教学生同盟"的组织在《晨报》发表宣言，指出：即将在清华召开的大会是"欺骗我国人民，掠夺我国经济的强盗会议"。

"3 月 21 日，北京学界发起'非宗教大同盟'……一时间，全国学生界、知识界人士纷纷加入同盟。"据《晨报》报道，蔡元培、陈独秀、李大钊……五四新文化运动的领袖人物都卷入这场"非宗教同盟"运动中。

3月31日，一篇叫《主张信教自由宣言》的文章刊登于《晨报》，宣言宣称："我们认为人们的信仰，应当有绝对的自由。"周作人是宣言的发起者，签名者有钱玄同等四人。

基督教是借着野蛮武力侵入中国的，有学者写道："特别是宗教意识中的专断崇拜与中国封建传统观念结合，更成为一种阻碍中国人民觉醒的麻醉药。"

封建统治术与西方列强的殖民术，有形形色色的麻醉剂。

陈独秀与周作人展开了论战。前者质问后者："此间反基督教学生开会已被捕房禁止，我们的言论集会的自由在那里？基督教有许多强有力的后盾，又何劳公等为之要求自由？公等真尊重自由么？请尊重弱者的自由，勿拿自由、人道主义许多礼物向强者献媚！"

麻醉剂，也是人群沙化的催化剂。

研究沙化的鲁迅，对基督教麻醉剂尚欠敏感。土拨鼠的进攻方向锁定了国民劣根性。钱玄同是他的好友，周作人是他弟弟，此时都在北大教书。三个人常在八道湾小饮聚谈。史料甚详的《人间鲁迅》，未提基督教同盟大会事件，未提陈独秀与周作人的论战。

1922年，鲁迅上班、教书之余，正在写小说《故事新编》。

周作人作为自由主义知识分子，强调抽象的自由。其实他自己未必信。作人，后来做了汉奸。陈独秀说他向强者献媚，击中他的要害。

1923 年 7 月，鼎鼎大名的周氏兄弟失和。鲁迅四十三岁，周作人三十九岁。

鲁迅生活在八道湾，却是家庭生活的旁观者。二弟、三弟的一家子，有儿有女，欢声笑语。朱安自居一室。吃饭在一处，吃完了，鲁迅去他的前院书房。他每天向母亲问安。

7 月 14 日，鲁迅日记："是夜始改在自室吃饭，自具一肴，此可记也。"

鲁老太太说："大先生和二先生忽然闹起来了，也不知道是什么事情，头天还好的，弟兄二人把书抱进抱出的商量写文章……"

此后五天，兄弟冷战。

周作人给哥哥写了一封绝交信："鲁迅先生：我昨天才知道，——但过去的事不必再说了。我不是基督徒，却幸而尚能担受得起，也不想责谁，——大家都是可怜的人间。我以前的蔷薇的梦原来都是虚幻，现在所见的或者才是真的人生……以后请不要再到后边院子里来，没有别的话。愿你安心，自重。七月十八日，作人。"

绝交书一般都不长。

鲁迅看了信，请人到后院，把周作人请来面谈，周作人不来。

林贤治写道："当初，离开日本是为的谁呢？买下八道湾是为的谁呢？排长长的队伍日夜索薪是为的谁呢？……所有的钱都交出去了。"

教育部欠薪，鲁迅排队索薪。许广平《鲁迅回忆录》："鲁迅在八道湾住的时候，起初每月工资不欠，不够时，就由他向朋友告贷……"

鲁迅曾对许广平说："我总以为不计较自己，总该家庭和睦了吧，在八道湾的时候，我的薪水，全部交给二太太，连同周作人的在内，每月约有六百元，然而大小病都要请日本医生来，过日子又不节约，所以总是不够用，要四处向朋友借，有时候借到手连忙持回家，就看见医生的汽车从家里开出来了，我就想：我用黄包车运来，怎敌得过汽车运走的呢？"

每月六百元是很大的一笔钱，十倍于普通家庭的开销。鲁迅在教育部、北京大学拿薪水，连同可观的版税，"全部交给二太太"。二太太叫羽太信子，周作人在日本留学时与她结婚。

周作人旅日六年，大小事不管，一切由鲁迅操劳。钱理群教授的《周作人传》记之甚详。

周作人从绍兴到北京大学任教，鲁迅费尽了周折。周作人生病住院，鲁迅天天跑医院……

鲁老太太实在忍不住了，对人说："这样要好的兄弟都忽然不和……我想来想去，也想不出个道理来。我只记得：你们大先生对二太太当家，是有意见的，因为她排场太大，用钱没有计划，常常弄得家里人不敷出，要向别人去借贷，是不好的。"

郁达夫《回忆鲁迅》："鲁迅有时候对我说：'我对启明，总老规劝他的，教他用钱应该节省一点，我们不得不想想将来。但他对于经济，总是进一个化一个的，尤其是他那一位夫人。'"

钱之外，另一个问题是所谓性骚扰。

"据俞芳回忆，鲁太夫人曾对她说：'信子患有一种很奇怪的病：每当她身体不适，情绪不好或遇到不顺心的事，就要发作，先是大哭，接着就昏厥过去。'"

周作人也跟太太斗争过，斗不过。鲁迅回忆：周作人"曾经和信子吵过，信子一装死他就屈服了，他曾经说：'要天天创造新生活，则只好权其轻重，牺牲与长兄友好，换取家庭安静。'"。

家庭安静与长兄鲁迅，成了周作人的两难选择。其实并不难，周作人很快偏向了日本老婆，倒向了日本老婆，身心受制于日本老婆。东洋女人的小手拿住了中国教授。

夫妻格局，不是东风压倒西风，就是西风压倒东风。这类现象，今日尤多。

鲁迅住在八道湾，限制信子铺张浪费，这恶妇人就要闹。

花三千五百大洋买下的八道湾三进院子，三家人住了四年。鲁迅是倾其所有，出了大部分钱。三兄弟里他收入最多，十几年来，不存一点私钱，还不时接济两个弟媳妇的娘家。

黄乔生《鲁迅年谱》："1917年4月。从本年2月起，鲁迅即为周作人多方谋职，后向蔡元培推荐成功。3月7日寄去旅费60元。周作人到京后，鲁迅将补树书屋南头的一间让其居住，自己住在较阴暗的北边一间。"

周作人斗不过老婆，扭头斗兄长，并且，斗得凶。这件事颇奇怪。鲁迅对弟弟是有父亲般的关怀与呵护的，《人间鲁迅》提供了详细资料。

人爱狗，狗晓得；人爱人，人装怪。今天的父母，不妨记下这句话。

古代"兄弟阋于墙"的背后，有妯娌们的发力。北京八道湾，唯有羽太信子撒泼。

恶妇是如何一点一点变成恶妇的？信子不会闹钱，钱对她太重要了，挥霍对她太重要了，从时装、化妆品到手提包，到小汽车进进出出。她声东击西，闹鲁迅性骚扰。

1909年她嫁给周作人，她在日本的背景，周作人只字不提。如果她是体面人家的女儿，周作人会三缄其口吗？

《周作人传》："当时与鲁迅、周作人双方都有密切交往的章廷谦（川岛）曾对鲁迅博物馆工作人员说：'鲁迅后来和周作人吵架了，事情的起因可能是，周作人老婆造谣说鲁迅调戏她。周作人老婆对我还说过：鲁迅在他们的卧室窗下听窗。这是根本不可能的事，因为窗前种满了鲜花'……'主要是经济问题，她（羽太信子）挥霍得不痛快。'"

《鲁迅与周作人》："她（信子）并非出身富家，可是气派极阔，架子很大，挥金如土。家中有管家齐坤，还有王鹤拓及烧饭司务、东洋车夫、打杂采购的男仆数人，还有李妈、小李妈等收拾房间、洗衣、看小孩等女仆二三人……她经常心血来潮……忽然想起要吃饺子，就把一桌饭菜退回厨房，厨房里赶紧另包饺子；被褥用了一两年，还是新的，却不要了，赏给男女佣人，自己全部换过。"

周作人夫妇那边主仆一大群，鲁迅这边形单影只。那边挥金如土，这边衣裳、皮鞋打了补丁，去北京大学、北京女子师范大学教书，去教育部上班。可怜的大先生一忍四年。

周作人放纵老婆"作"，他自己"始作"。可怜绍兴老家，孝与敬、谦与让、勤劳与节俭的家风全毁了。一个妖妇搅乱了八道湾的家，鲁老太太如何想得通？如何看得惯？

做父母的讲排场、搞挥霍、操社会、操漂亮（四川土话），幼小的儿女耳濡目染，濡染到皮下。败家子就是这么生长的，败家子的家庭环境就是这么营造的……鲁老太太一忍再忍。

婆媳矛盾是个死结。兄弟反目直抵坟头。

信子不仅在家里闹，她还跳出去对外人讲，大肆造谣中伤。这女人不仅是泼妇。她一手调教出来的男人更是软耳朵。她强势。十多年以后，日本帝国主义在中国横行霸道，周作人做汉奸，家里迅速大阔大富，信子越发抖了起来，奢侈品要用外国货……

1923年夏，鲁迅搬到窄小阴暗的砖塔胡同。

次年夏，周作人对鲁迅先生大打出手，操钝器下狠手。

《左传》："郑伯克段于鄢。"注云："段不弟，故不言弟。"

1924年6月11日，鲁迅日记："下午往八道湾宅取书及什器，比进西厢，启孟及其妻突出骂詈殴打，又以电话招重久及张凤举、徐耀辰来，其妻向之述我罪状，多秽语，凡捏造未圆处，则启孟救正之。"

《周作人传》："据说周作人拿起一尺高的狮形铜香炉向鲁迅头上打去，幸亏别人接住。"

《人间鲁迅》："章廷谦闻声赶到西厢房，正好遇到作人举起墙角的狮形铜香炉，向鲁迅的头上砸去，便急忙抢了下来。"沉重的铜器为什么要砸向头部？

写闲适小品文的周作人，何以如此行凶？单怪那恶妇，理由不充足。

他的闲适从何而来呢？这是一朵恶之花吗？温文尔雅、闲适古朴的下面隐藏着什么？

本文对周作人做一点生存阐释、心理透视、精神分析，不需多费笔墨，惜纸耳。

这个四十岁的人向哥哥行凶，日后向日寇献媚，向最艰难时期的中国人民施暴虐。

此三者，有内在联系。而学者们对此语焉不详。

绍兴周家败落，周作人年纪小，九岁，家族的破败之风吹进了他的灵魂。童年始阴暗。

钱理群说："周家台门内的生活使周作人彻底失望。"彻底失望意味着什么呢？

周作人对祖母的回忆充斥着阴郁。戾气邪气的生发，伴随着水乡的阴气湿气。童年不快乐，不天真，更不阳光。少年浪荡在绍兴街头，没日没夜追随一帮二流子，打架复挨打，倒地又滚地，伏下他日后的凶相、泼皮相。

这个后来的北京大学著名教授，骨子里是流氓。或者说，流氓泼皮是他不变的底色。

少年周作人下乡去收租子，"不仅农民的困苦引不起他的同情，收租本身也使他感到'颇费气力'"。这是1898年冬，周作人十四岁。破落户的二少爷，已经变成了街头小混混，绍兴人叫"破脚骨"。他后来解释说："大约因为时常要被打破脚骨，所以这样称的吧。"这段街头小流氓的时光不短，当在一年以上。断断续续两三年也是可能的。打破脚骨是常事。

这是周作人一生的关键节点，街头邪恶流布到血液中。

绍兴有个破脚骨阿九，周作人《知堂回想录》："我从他的种种言行之中，着实学了些流氓的手法。"着实学了不少。流氓一副凶相，流氓敢下狠手。有些流氓又是软蛋与暴徒的混合体，逃跑，伪装，投降，有奶便是娘。

1924年，周作人在八道湾拿铜器砸向鲁迅。1937年，周作人在北平附逆。

钱理群《周作人传》："1937年7月7日……中国人民震惊了，也奋起了。周作人却沉默着。1937年7月29日，北平陷落——仍然听不见周作人的声音。1937年8月9日，北平沦陷前后学术文化界人士纷纷南下……但南下队伍中始终未见周作人。"

八道湾的这个日本女婿在等什么呢？数月来战事紧张，日军兵临城下，他暗里期待着什么呢？在家里，他跟日本老婆谈些什么？对子女说了些什么？日本侵略者又是如何找上门来的？

这些事很关键，尽管追问难。日本女人很可能长期操纵他。

1938年2月，"周作人长袍马褂，跻身于戎装的日本特务头子与华服、西装的汉奸文人中间"。照片上了日本的《每日新闻》，上海的《文摘·战时旬刊》全文译载。

《周作人传》："消息传出，全国舆论大哗。"

茅盾、郁达夫、老舍等十八人发表《致周作人的一封公开信》，信中说："希望（周）幡然悔悟……否则唯有一致声讨，公认先生为民族之大罪人。"

愤怒的艾青写诗："忏悔吧，周作人！不然……中国的青年，要向你射击！"

1939 年元旦，周作人在家里挨了一枪，毛衣纽扣挡了复仇的子弹。第二天，伪警署派便衣保护他。这个汉奸非但不忏悔，反而更嚣张，公然做了日本人的走狗，任职于汪伪政府，当上了伪华北教育总署督办。——我是流氓我怕谁？这是周作人起于少年时代的基础性心理。

周作人屁颠屁颠，追随伪华北教育总署督办汤尔和；又肉麻吹捧汪精卫"挺身犯难，忍辱负重""盖可知其伟大，称之为菩萨行正无不可也"。

汤死，周如丧考妣。周汉奸恨不得从汤汉奸于地下。汤汉奸的百日祭、周年祭、三年祭，周汉奸都去参加，叩头行大礼，照片上报纸。而林语堂回忆：1943 年在西安遇见从北平逃出的沈兼士，沈对他说起"我们的青年给日本人关在北大沙滩大楼，夜半挨打号哭之声，惨不忍闻，而作人竟装痴作聋，视若无睹"。细节透露了品行。

今日令人忧虑的是：若干年前，周作人竟然大红大紫。有一些学者试图"曲为之解"，蒙读者。为什么读者会受蒙蔽？是非观出了问题。

吹捧周作人的书可以收场了。混淆是非再往下走，就是颠倒是非。

汉奸就是汉奸。败类就是败类。敌人就是敌人。

价值观模糊的背后有利益图的清晰。

周作人附逆后，在英国的胡适写诗寄给他，不见一丝愤怒……

鲁迅先生是"空前的民族英雄"，周作人在民族面临危亡之际，以名流身份做汉奸。

1941年7月17日，北平伪中央广播电台播放周作人的讲话，大谈"治安强化运动"。

钱理群写道："'治安强化'就意味着烧杀抢掠，无人区，三光政策……它在沦陷区人民中留下了最恐怖的记忆。"

周作人在广播讲话中称："治安强化运动是和平建国的基础……是使民众得以安居乐业的唯一的途径。"汉奸本人确实安居乐业，在北平穿貂皮大衣，参加各种上流人物的聚会；家中仆人多达二十多个；汉奸赴汤岛、横须贺，慰问日本海军伤员，送了五百元，又送五百元。

在东京，周作人"晋宫问候"，参拜了靖国神社。

1942年5月，五十八岁的周作人作为汪精卫的随员，"谒见"伪满洲国皇帝溥仪。

这个汉奸想让中华民族灭种吗？想让清朝统治者卷土重来吗？

他拿铜炉砸向兄长的头部，一点都不奇怪。破脚骨，毒心肠。

日本他待过六年。汉奸他做了八年，做到六十一岁。抗战胜利了，汉奸才沦为阶下囚。否则，汉奸还要堂而皇之地做下去。

民国的汉奸为古代的汉奸辩护：他认为秦桧有深谋远虑，岳飞只是一介武夫。

历史上有才华的败类不少，李林甫称干吏，当丞相十九年；被司马光斥为禽兽的李定进士及第；蔡京书法一流；秦桧博学多干才，写一手好字。明代的董其昌书画俱佳，却是横行乡里几十年的恶霸，民谣吼道："若要柴米强，先杀董其昌。"

周作人在五四时期有过文化贡献，"苦茶庵"有一些散文可以读。在日本六年，周作人沉醉于日本的传统文化和民间的生活方式，那激活了他的某些乡土记忆。

但是，周氏兄弟不可并论。民族英雄与民族败类不可并论。

鲁迅搬到砖塔胡同后，老母经常过来。"她离不开朱安，对于老大所受的委屈，更是不平而且惦念……鲁迅知道母亲的心情，为了安慰她，使她能同自己一起安住，几乎一进砖塔胡同就又开始找房子了。"

孝敬长辈，民间有两个试金石：想得到还是想不到；看得粗还是看得细。

鲁迅看母亲的生活是很细的。孝与敬，以毫不经意的方式流布于日常。

此一层，在今天无限重要。何以无限重要？只因千家万户，秘而不宣的辛酸事正多。

多少辛酸事，只能悄悄讲……多少当妈的泪往肚子里流。

孝顺未必好。但孝敬一定是正能量。

今日，断不可接受的是：这种家庭中最大的正能量正动态性衰减。

讲道理是没用的，几个动作胜过一堆道理。

1923 年 10 月，鲁迅花八百银圆，买下西三条胡同 21 号，一所旧院，六间房。大作家手头没钱，许寿裳、齐寿山各借四百元给他。他亲自设计修改，改成了一座小巧的四合院，他的书房叫老虎尾巴。他把母亲接来。母亲喜欢花木，他种下了一片太阳花，订购了丁香、碧桃、榆叶梅，种在母亲的窗前。周作人夫妇在八道湾花天酒地。鲁迅不会向他借钱，尽管八道湾三进大院是鲁迅花巨款买下的。倒是便宜了那个日本泼妇。

在砖塔胡同住了九个多月，鲁迅写下《祝福》《幸福的家庭》《在酒楼上》，写了论文《宋民间之所谓小说及其后来》，发表了著名演讲稿《娜拉走后怎样》《未有天才之前》，校勘了《嵇康集》，编完了《中国小说史略》。

工作，工作，工作。

鲁迅先生一向很平和。激烈的人往往能平和，脾气大的人往往心肠好，迥异于乡愿之辈。砖塔胡同的俞芳姐妹，对鲁迅的亲切与朴素感受颇深。后来，鲁迅在广州中山大学当教授，去银行领工资，月薪三百大洋，银行职员从头到脚打量他，对他的穿戴不放心：长衫、布鞋、袜子，都是便宜货；头发胡子粗且乱，一点都不洋派；分明走着来的，没坐汽车或包月人力车，手里也缺一根文明棍。于是，这位银行职员坚持要核实，打电话到中山大学，询问一个叫周树人的，相貌、穿着、口音之类。鲁迅不生气，在柜台前静静地抽着烟。他当然是领到大洋了，也收下那位职员的歉意和满脸堆笑。不过，他仍然走回学校去，穿过小汽车人力车。店员还是有些迷惑，歪着油光的脑袋想了很久。三百个大洋，十倍于银行小职员……

鲁迅挣钱多。北新书局一度欠他的版税八千多元，逐步结清了，那可不是小数。后来他在上海定居，也能享受，电灯电话，楼上楼下的，家里常有客人，也时常吃得挺好，下馆子、坐汽车、看电影。有一次他对萧红说：电影没啥好看的，看看动植物还可以……

看完电影，回大陆新村的家，若是人多，小汽车装不下，他让别人先走，自己倚着苏州河的栏杆吸烟等车。他烟瘾大，小听装的好烟是留给朋友抽的，比如上海有名的"黑猫牌"。他自己抽廉价的"品海牌"，一支接一支，袅袅在静夜里；写作到半夜，先生也吃点饼干，也喝点小酒，也望望夜幕深处的街市，也听听有轨电车的声音。

鲁迅一生利他，毫不自私，凡事替别人着想，但从来不提这个。

鲁迅给朋友写信，平和而又随意，与杂文的风格很不同。《鲁迅书信集》，厚厚的两大本。

他的书法文人气浓，绵中带骨；随手书赠朋友，"横眉冷对千夫指，俯首甘为孺子牛"，是赠给柳亚子的，日记中说："达夫赏饭，闲人打油。"

写给瞿秋白的则是："人生得一知己足矣，斯世当以同怀视之。"

瞿秋白精通俄文和俄国文学。红军长征到达陕北时，鲁迅托人带去火腿。他想写红军的小说，细听冯雪峰讲红军的故事、毛泽东的故事。他保存过方志敏烈士的遗物、书信，两次见陈赓将军。

鲁迅横眉执笔的那张像，叫人看不够。那份冷峻，中国罕有。面部轮廓有如雕刻。

他走路步子迈得很快。有一幅照片是在去演讲的路上，呼呼生风的样子。他头发硬，一根根迎风上举，没一根趴下。古人云："疾风知劲草。"

许广平形容："真当得'怒发冲冠'的一个'冲'字。"

古人尝言："须髯如戟。"连胡须都要坚硬如铁。

1923年，鲁迅在北京女师大当教授，上下一身黑，衣衫、皮鞋上都有大大小小的补丁，小姐们哗然，一个个掩了嘴娇笑。可是台上一开讲，下面清风雅静了。

学生当中，就有许广平。还有一位脸蛋圆圆的、杏眼亮亮的刘和珍。

鲁迅上课，从不点名批评学生。学生不听讲并影响其他同学，他停下来，向那学生扫去一眼。于是学生知错了，坐直了，自尊心却不受一点伤害。许广平回忆说：（学生）如同受到了一位旷代的全智者的催逼。

鲁迅是爱与恨的纯度极高的合体。20世纪的中国作家，唯有鲁迅有此纯度。

"无情未必真豪杰，怜子如何不丈夫。"

鲁迅上大课时，礼堂里黑压压的一片，连窗台上都坐着学生，窗外的树上也"挂"着学生。他幽默，妙语连珠，台下捧腹大笑，他只微微一笑，略略停顿之后又开讲。那是带点绍兴口音的、略有些沙哑的普通话。

许广平回忆细节："当鲁迅先生来上课的瞬间，人们震于他的声名，每个学生都怀着研究这新先生的一种好奇心。在钟声还没收住余音，同学照往常积习还没就案坐定之际，突然，一个黑影子投进教室来了……

"褪色的暗绿夹袍，褪色的黑马褂，差不多打成一片。"

穿行于中国暗夜的鲁迅一身黑。

"皮鞋的四周也满是补钉。人又鹘落，常从讲坛跳上跳下，因此两膝盖的大补钉，也掩盖不住了……

"小姐们哗笑了！'怪物，有似出丧时那乞丐的头儿。'……

"当那笑声还没有停止的一刹那，人们不知为什么全都肃然了。没有一个人逃课……

"一致爱护的鲁迅先生，在学生中找不出一句恶评。

"也曾经有过一次辞职的事，大家一个也不缺的，挤到教务处，包围他，使得他团团地转，满都是人的城墙，肉身做的堡垒。这城堡不是预备做来攻击他，正相反，是卫护他的铁壁铜墙。"

许广平先生的这篇《鲁迅和青年们》，写于1938年。

"一切大小琐碎，都愿意自己动手。就是他嗜好的茶，也不劳人代泡……

"在北京时几乎整天有客人来拜访他。"

于是，鲁迅养成了深夜写作的习惯。这个暗夜的发光体。

鲁迅在北京、广州或上海演讲，常常被激动的学生抛向空中。先生在空中乐得像孩子。

1924年夏，他坐火车去西安演讲；他想写杨贵妃的长篇小说，为女子鸣不平，推翻所谓红颜祸水，戳穿唐玄宗与杨玉环的爱情神话。白居易的《长恨歌》，开篇就撒谎……

在西安，鲁迅得罪了陕西军阀刘镇华。他拒绝帮闲、帮权，日后才敏感于形形色色的帮闲文人、帮权文人、帮凶文人。《"丧家的""资本家的乏走狗"》……

苏东坡在陕西凤翔初仕，看大地主的豪华庄园极不顺眼："谁家美园圃，籍没不容赎。此亭破千家，郁郁城之麓。"苏东坡很想没收大地主的庄园。雕梁画栋，有多少穷人的血？

中国的文脉乃是血脉。文化进入了血液才是文化，否则，就是招摇于市的"文化口红"。

历代文豪，扛得住皇权的打压才成为文豪。"铁肩担道义，妙手著文章。"

鲁迅盯上了日本评论家厨川白村，翻译了厨川的代表作《苦闷的象征》。这位日本的思想家看到了"资本主义和机械万能主义"对人的个性的压迫，而反抗几乎是徒劳。

苦闷的鲁迅意识到：作家唯有栖身于"战斗的苦恼"，才能产生真正的艺术。

正是在这个层面，他批评林语堂、周作人的小品文，"从血泊里寻出闲适来"。他厌恶跳来跳去的徐志摩，憎恨帮闲帮凶的陈源。

鲁迅短文《论睁了眼看》："中国人向来因为不敢正视人生，只好瞒和骗，由此也生出瞒和骗的文艺来，由这文艺，更令中国人更深地陷入瞒和骗的大泽中……早就应该有一片崭新的文场，早就应该有几个凶猛的闯将！"

他在北京女师大的轰动性演讲《娜拉走后怎样》："……可惜中国太难改变了，即使搬动一张桌子，改装一个火炉，几乎也要血；而且即使有了血，也未必一定能搬动，能改装。不是很大的鞭子打在背上，中国自己是不肯动弹的。"

民国时期的作家教授们，能出此语者，唯有鲁迅。

唯有卓越的思想家，方能处处一针见血。号称自由主义知识分子的那些教授，哪里能够在思的领域纵横驰骋，痛痛快快呼吸广袤野地的自由气息？

鲁迅雄文《忽然想到》："我们目下的当务之急，是：一要生存，二要温饱，三要发展。苟有阻碍这前途者，无论是古是今，是人是鬼，是《三坟》《五典》，百宋千元，天球河图，金人玉佛，祖传丸散，秘制膏丹，全都踏倒他。"

自近代以来，中国有两件大事：一是不挨打，二是不挨饿。鲁迅写道："改革最快的还是火与剑，孙中山奔波一世，而中国还是如此者，最大原因还在他没有党军。"

1927 年 8 月 1 日，南昌起义；9 月，秋收起义。

1 是开端。9，数之大也。

鲁迅先生的个人生活也要发展，他四十几岁了。身体的能量可以适当分散了。

1925 年 3 月，女师大学生许广平，给先生鲁迅写出第一封信；4 月，她登门拜访。后来就开始了《两地书》。这本公开发表的情书，充满了温馨的日常叙述，不提爱而处处有爱意。这叫爱的高贵。雨果、里尔克、卡夫卡的情书也如此。

明白了这高贵，自然会对咿咿呀呀装疯卖傻的流行曲，油然而生厌恶。

猫儿叫狗儿跳，贵在一个"真"字。时下总有一些人，无休止地装疯卖傻，毒害青少年……

生活中的鲁迅，很有些孩子气的。许广平先生《欣慰的纪念》一书中描绘很多。

请看《两地书》中许广平的第一封信："鲁迅先生：现在执笔写信给你的：是一个受了你快要两年的教训，是每星期翘首盼着希有的，每星期三十多点钟中一点钟小说史听讲的，是当你授课时，坐在头一排的座位，每每忘形地直率地凭其相同的刚决的言语，在听讲时好发言的一个小学生……"

忘形，直率，好发言，言语刚决。这封长信的最后一段，她用了好几个惊叹号。

一星期才听一小时，太少了。鲁迅复信，称她"广平兄"。她写信，要求先生解释；先生又称她"广平少爷"……《人间鲁迅》："与许广平的通信，使我们在人间最勇敢最顽强的战士的身上，同时发现了最温柔的微笑。"也许，最勇敢者最温柔。

孩子气，不动声色的幽默；野性，一些"匪气"，鲁迅先生兼具。

他在西三条胡同的书房叫"绿林书屋"，朋友们来了，啸聚绿林，大口喝酒。北京大学对面未名社租的小房子叫"破寨"，取落草为寇的意思。西三条胡同的书屋也叫"老虎尾巴"。

1925 年的鲁迅谈着别样的恋爱，写着地火运行、野火冲天的《野草》。这本散文诗，近百年来无人超越。漂亮而坚硬的文字有如钻石，那是各种地力长期挤压的结晶。

鲁迅的身边聚集了一批青年学生，韦素园、台静农、李霁野、曹靖华、陶元庆、韦丛芜、许钦文、李小峰……写下这些久违的名字，我的笔是有温度的。他们编《乌合丛书》《未名丛刊》；翻译苏俄的文学作品，深入到"劳动阶级文学的大本营"；又瞄准弱小国家的作品，东欧和巴尔干国家的作品，"单印不阔气的作者的创作的"。

在北大上完课，鲁迅常到"破寨"，大家谈天，谈工作，"学生公寓里的饭菜并不好，但他只是照样吃，添点菜反倒使他极为不安。爽快，平易，随便……"。

北宋的朝廷重臣司马光，"食不敢常有肉，衣不敢纯有帛"。宋代商品极丰，胜唐朝。

苏东坡四十岁，做官好些年了，在密州知州的任上写私信说："家日益贫。"

岳飞官居高位，他的夫人李氏一直穿布衣。岳飞说："文臣不爱钱，武臣不惜死，天下太平矣。"南宋纸醉金迷，爱钱的文官太多，不怕死的武将太少。

大作家鲁迅，添点菜极为不安。而为了扶持青年学生、未名社，办《语丝》《莽原》杂志，"他垫付的印书费，以及后来应得的版税三四千元，在未名社解体以前是分文不取的"。

挣很多钱，抽劣质烟，穿旧皮鞋，夹旧皮包。长衫子洗了又洗，补了又补。北京的鲁迅依然是在东京生活的那个鲁迅，捨物质，张灵明；任个人，排众数。

顺便提一句：我本人一直抽九块钱一盒的"红塔山"，概念消费于我如浮云。"红塔山"味道好，尽管我每天只抽五六支。不知道是否受了鲁迅的影响。

物质欲望在很大程度上是被虚构出来的，谁虚构？谁在虚构中获利？

恋爱中的鲁迅先生，并不穿新衣新鞋新袜子……

内心强大者皆如此。托尔斯泰伯爵、海德格尔教授，总是一身农民的装束。

朋友们到西三条胡同家里来，酒肉是比较充足的。鲁迅爱吃甜食和小花生。"不时地听到孩子般天真的清脆的笑声。"这是青年李霁野对先生的印象。

最深刻的作家原来最天真。二者的联系在哪里呢？现象学的生存论阐释，如何展开？

端午节，广平兄和女师大的几个学生来西三条胡同，开先生的玩笑，把先生推进朱安的卧室。鲁迅不高兴了。这些女生当中，当有始终微笑的、双手抱着《莽原》杂志的刘和珍。

《两地书》持续升温。广平兄俨然以兄自居，称鲁迅"嫩弟手足""嫩棣棣"。

此间有个细节：朱安生病了，鲁迅到处问医、拿药、分药，朝夕伺候在朱安的病榻前……

鲁迅细看社会上的弱者，也细看他身边的弱者。

上海五卅惨案后，北京女师大的学生运动进入高潮。

《人间鲁迅》："在教育部的支持下，杨荫榆暗中制订了一个毁灭女师大的计划。"

8月1日，这个绰号"恶婆婆"的女校长，带军警一百多人包围了女师大，切断电线，停止伙食，强令住校学生离校。刘和珍、许广平等率领学生反抗。下午，下大雨了，杨荫榆指使军警殴打女学生，女学生们倒在泥水中，学生的裙，学生的血，学生翻转于泥水中的肢体与面容……泥水中有刘和珍、杨德群。暴雨中的暴行。柔弱者的反抗。

鲁迅带病去女师大，坚决抗击女校长。

22日，杨荫榆武装接管女师大。女学生们又遭"混合军"殴打，重伤五人，失踪七人。

杨荫榆的背后是章士钊，章士钊的背后是段祺瑞。"正当女师大学生秣兵厉马、背水一战的时候，章士钊秘密呈请段祺瑞，撤除鲁迅的教育部佥事的职务。"

从1912年到1925年，佥事做了十三年。教育部佥事，分管社会教育司。

收入减少了，鲁迅也生气，买了几盒高级烟抽给人看。

许寿裳、齐寿山联名发表《反对章士钊宣言》。二人都是教育部的高级干部。宣言宣告："自此章士钊一日不去，即一日不到部。"

许寿裳还把《宣言》抄送了章士钊。很快，许、齐二人被免职，失去高薪。

鲁迅在"老虎尾巴"不停地抽烟……

11月，北京数万工人、学生举行大规模示威运动，游行队伍冲进卖国贼段祺瑞的官邸，怒毁章士钊、刘百昭等人的私宅。段祺瑞逃走。月底，女师大复校。斗争胜利了，鲁迅先生题词，引用了古诗："修我甲兵，与子偕行。"

1925年9月，女师大迁到宗帽胡同之后，"警察厅接受章士钊的指使，天天到学校里传人"。女师大的几个学生领袖东躲西藏。许广平等学生躲进鲁迅的家。

疾风骤雨的间歇，盛开了爱的百合花。挑明了。"小鬼"命令鲁迅戒烟戒酒。酒戒了大半，烟戒了小半。有一天他在外面喝多了，许广平说："不诚实是很叫人难过的，你知道么？"

鲁迅低了头，小声答："我知道……"酒瘾又犯时，许广平流泪。

为了让鲁迅戒烟，她和另一个女生许羡苏，在客厅跟鲁迅谈了一通宵。

此间的鲁迅先生，走路蹦蹦跳跳，西三条胡同的四合院无处不歌，"他还双手撑着桌子，像当年做学生的时候上体育课一样，从这边纵身跃到那边"。

后来，许广平在报上发表爱的宣言《风子是我的爱……》《同行者》。"不自量也罢！不相当也罢！……不合法也罢！这都于我们不相干，于你们无关系，总之，风子是我的爱……"

北大教授刘半农受瑞典地理学家斯文·赫定的委托，请台静农写信，希望鲁迅接受诺贝尔文学奖提名，鲁迅回信婉拒："请你转致半农先生，我感谢他的好意，为我，为中国。但我很抱歉，我不愿如此。诺贝尔赏金，梁启超自然不配，我也不配，要拿这钱，还欠努力……我觉得中国实在还没有可得诺贝尔赏金的人……倘因为黄色脸皮人，格外优待从宽，反足以长中国人的虚荣心，以为真可与别国大作家比肩了，结果将很坏。"

鲁迅拒绝诺贝尔文学奖提名。萨特拒绝诺贝尔文学奖，不容商量（参见《品西方文人1》之"萨特与波伏瓦"）。20世纪60年代后期，萨特出任罗素国际法庭的执行庭长，审判美国人在越南犯下的种族灭绝罪。萨特被称为"二十世纪人类的良心"。

1925年的鲁迅先生，既是战士又是恋人。

1926年3月，腥风血雨。

冯玉祥的国民军与奉系军阀张作霖开战，日本帝国主义见奉军失利，唯恐失掉其在华的既得利益，炮击国民军。16日，又纠集各国，向段祺瑞执政府发出"最后通牒"。18日，北京各界五千余人在天安门广场，召开反对八国最后通牒国民大会。会后，两千多人组成的请愿团直奔铁狮子胡同。

段祺瑞下令开枪。子弹横飞，棍棒乱打。

段祺瑞杀死始终微笑着的、温和的、圆脸的刘和珍。一共杀死四十七人，伤一百九十九人。

刘和珍的老家在江西，家中唯有老母亲和弟弟。段祺瑞的卫队专挑短发女生开枪，刘和珍恰好是短发。她中弹，张静淑想扶起她，也中弹。杨德群又来扶她，也中弹，并且，头部挨了沉重的棍棒。三个女学生倒在血泊中……

人坏起来无边无际，任何毒蛇猛兽不能比。列强虎视眈眈，军阀气焰嚣张。

许寿裳和林语堂赶到国务院，"只见尸体纵横，鲜血遍地……杨德群的尸骸，横陈在一张板桌上，下半身拖露在旁"。

《人间鲁迅》："刘和珍！去年天安门集会，在棍棒交加中，大家亡命地逃开，回头看她手执校旗，蠹立不动。"回头见刘和珍的是许广平。

3月25日，刘和珍、杨德群的追悼会在女师大礼堂举行。

刘和珍的未婚夫方其道的挽联："生未同衾，死难同穴，劳燕惜分飞，六载订婚成一梦；外抗强权，内除国贼，疆场空有约，白宫溅血泣黄泉。"

"郑德音致悼词……读着读着，郑德音禁不住哭了，全体学生于是放声大哭。"

我念高中时，语文老师讲《记念刘和珍君》，几次背过身去。

鲁迅《记念刘和珍君》："我独在礼堂外徘徊，遇见程君，前来问我道……"

林贤治写道："惨案发生后，鲁迅一连几天吃不下饭，说不出话，过度的悲愤使他病倒了。"劝解、问候的人纷至沓来，鲁迅先生只有一句："刘和珍是我的学生！"

陈源等走狗文人在《现代评论》上大造舆论，诬蔑学生、群众手执有铁钉的棍棒，是"自蹈死地"，许多妇女小孩"是被群众挤倒后踏死或踏伤的"。

陈源下结论称："以后不再参加任何运动。"西方列强和中国军阀喜欢听这种话，胡适也认同。胡适写信给鲁迅、陈源，试图调和不可调和的矛盾，乡愿面目一露，鲁迅十分反感。

孔子说："乡愿，德之贼也。"

据说，段祺瑞给《现代评论》拨过一千元。

北京警察厅开的黑名单中，有鲁迅。

3月26日，段祺瑞执政府宣布：通缉共产党人李大钊和国民党进步人士。

4月，张作霖手下的北京卫戍司令下令："宣传赤化、主张共产者，不分首从，一律处死刑。"

军阀乃一丘之貉，背后各有列强。

鲁迅躲进了熟悉的山本医院。先生写下民国时期最为沉痛的文字：《记念刘和珍君》。

"苟活者在淡红的血色中，会依稀看见微茫的希望。"

"真的猛士，将更奋然而前行。"

鲁迅接受了厦门大学的邀请，担任国文系教授兼国学院研究教授。许广平赴广东省立女子师范任职，那是她的母校。他们一同启程了。到上海停留了几天，会见了郑振铎、刘大白、夏丐尊、陈望道、沈雁冰、胡愈之、朱自清、叶圣陶等文化名人。陈望道是《共产党宣言》的翻译者。

1926年9月1日，四十六岁的鲁迅登上"新宁号"轮船，赴厦门。

北京风狂雨疾，大海边的厦门一片寂静。

厦门大学的学生，学的还是《礼记》《大学》之类，写的是文言文。大礼堂开会，男女生各坐一边。大学的空气沉闷。"夜九时后，一切星散，一所很大的洋楼里，除我以外，没有别人。我沉静下去了。寂静浓到如酒，令人微醺。"

鲁迅的这篇文章冷气逼人。冷是热的冷。他品尝寂静的浓度。瓦莱里《海滨墓园》："大海啊，永远在重新开始。"鲁迅出版了杂文集《坟》，他在坟边照相……西方的哲学家和艺术家都敏感于死亡，而中国历代大文人，追问死亡者寥寥无几。孔子称："未知生，焉知死？"

西哲云："不知死，焉知生？"《存在与时间》辟专章讨论死亡。

国民革命军北伐攻克了武昌，鲁迅写信说："此地北伐顺利的消息也甚多，极快人意。"

校园内的演说，放鞭炮，所有的活动都让鲁迅激动不已。市区的阔人们却纷纷搬到号称"万国公地"的鼓浪屿。

广州那边的市民是冒雨庆祝的，五色旗已被取消，代之以青天白日旗。

《人间鲁迅》："事实上，集党政军大权于一身的蒋介石正在悄悄地培植个人势力，等待机会给中国革命以毁灭性的打击。"

11 月 11 日，鲁迅接到广州中山大学的聘书。

离开厦门吗？鲁迅犹豫，担心这一走，对不住邀请他的林语堂。他一度考虑辞去教授的兼职，林语堂就一夜不眠。

林贤治写道："北京是官地，厦门是商地，厦大当局则既官且商。校长是尊孔的，但又很看重金钱，因为在教授们的身上投资不少，便汲汲乎要收获些经济实效。"

教授中有顾颉刚，自称只钦佩胡适、陈源，宣称只读书不问窗外事，却在学校安插了七个羽翼；夜里放留声机，咿咿呀呀的梅兰芳之类。

"对于中国银行总长马寅初，厦大所有来自北大的教授列队欢迎，只有鲁迅一个人没有参加……在北京女师大风潮中，马寅初是同陈源们一起站在杨荫榆一边的。"

鲁迅从来不与压迫者为伍。

他在厦大演讲，主张"少读中国书，做好事之徒"，指出三点中国书的流弊：1.使人意志不振作；2.使人但求平稳，不肯冒险；3.使人思想模糊，是非不分。

鲁迅反思传统是单刀直入。投枪扎入病灶，也伤了好细胞。同一时期的西方哲学家们，却正在忧虑西方人自文艺复兴以来的自我膨胀，这种膨胀借助技术的力量愈演愈烈。

"二战"后，罗素写道：要警惕两种权能陶醉，人对人的权能和人对自然的权能。

2023年，美国人的军费预算将高达八千多亿美元。全球贩卖的军火，美国人几乎占一半。

好事之徒多，贪婪无止境。

鲁迅先生自己，不好事，更不贪婪。

由他倡导、捐款，厦门大学学生自治会办了一所平民学校，他去演讲："你们都是工人、农民的子女，你们因为穷苦，所以失学……但是你们穷的是金钱，而不是聪明与智慧。"

穷人的孩子在下面哭着听。

鲁迅说："没有什么人有这样的大权力：能够叫你们永远被奴役。"

个体的生长要紧，但是，先要解决群体受压迫的问题。鲁迅以激动的语气继续演讲："军阀消灭，国家才会变强，生活才会转好。"

接下来，另一个曾留学西洋的教授登台，说："这学校之有益于平民也，例如底下人认识了字，送信不再会送错，主人就喜欢他，要用他，有饭吃……"

鲁迅走开了。

后来他在黄埔军校演讲："一首诗吓不走孙传芳。"

批判的武器和武器的批判，二者都要发出巨响。

思想家鲁迅的运思，正在寻找新的方向。

运思国事、文事之余，也在思情事。鲁迅和许广平挑明了心事之后就分开了。许广平到广州后寄出的第一封信，爱意绵绵，称他"乖弟弟""傻孩子"，信的末尾是："你的害马。"

许广平曾经是北京女师大的学生领袖，自嘲"害群之马"。

她给鲁迅织了一件毛背心……鲁迅穿着暖洋洋的，走在起风的大海边。在林语堂家吃饭，喝小酒，只因她不允许他喝大酒。走过收发室，他总要望一眼收发信件的校工。

对异性的渴望，沉睡了几十年。这是另一种地火。

鲁迅先生四十六岁了。大男人、大作家、大教授、大先生，一个人在宿舍生火做饭，烧开水，换电灯泡。章廷谦来访，发现鲁迅竟然是烹制火腿的好手……

鲁迅要走了，厦大的学生挽留不住，五六百学生开了一个空前的送行会，依依不舍，眼泪在笑声中无声地飞。

校方送行，校长主任之类都来了，校长林文庆致送别词，拿鲁迅比孔夫子。连日饯行，喝酒、说话、演讲。林文庆请先生吃饭，先生婉拒。这个校长弄权很有一套，学生讨厌他。

厦门大学是一潭死水，鲁迅来了，波翻浪涌。鲁迅将离去，学生会发起了改革学校的学生运动，全校贴满了标语，全体学生罢课。学生代表到省政府控告林文庆……

1927年1月中旬，鲁迅赴广州，一些厦大的学生随他而去。

鲁迅在广州中山大学是唯一的正教授，许广平担任他的助教。他搬进宏大壮丽的大钟楼，来访者不断，学生、老师、富人、名流。国民党的头面人物陈公博、孔祥熙、戴季陶等，纷纷请吃饭，送礼物。《人间鲁迅》："作为中国思想界的著名斗士，鲁迅不能不成为各派政治力量共同争取的对象。"

鲁迅迎来送往，热情的下面伏着固有的冷静。高官来访，前呼后拥，他表情淡淡的。

先生想什么呢？有一点可以肯定：先生不会去掂量利益。

这才是严格意义上的知识分子的人格独立、思想自由。丝毫不阿权贵。

中山大学举行盛大的欢迎大会，朱家骅致欢迎词，称周树人先生是思想先驱，新文化的革命家，杰出的战士。

接下来，一个穿布袍的瘦小的人登上讲台。原来他就是鲁迅！大礼堂里响起潮水般的掌声。

《品西方文人1》之"毕加索"："人类一流人物，大抵三流身材。"贝多芬、雨果、列宁、爱因斯坦的个头都不高。萨特不足一米六。

鲁迅先生慢吞吞地开口了，一贯的低沉声音。大礼堂楼上楼下，密密麻麻坐满了屏息静气的学生。有些学生忘情地张大嘴巴，想吞下先生讲的每一个字。

鲁迅这么开讲："开欢迎会这件事是不大好的……"

中山大学的头面人物朱家骅坐在头一排。

鲁迅说："朱先生说我是'革命家'，我这个人能有什么'革命'？和章士钊斗就算'革命'；当时，我在教育部当差事，章士钊把我的差事给撤了。我有一个老娘要养活，没有钱了，当然要斗，不给饭吃，就斗到底！"

他的眼睛开始发亮，扫一眼全场。

"广东实在太平静了，因此，刺激和压迫，也不免太少了，诸位青年不知是何种感觉，我是觉得不大舒服的。因为我从前受的刺激和压迫太多了，现在忽然太轻松了，反而不高兴起来。"

全场鸦雀无声。"于无声处听惊雷。"

鲁迅说到中国的文艺运动："文艺这东西是不可少的，究竟我们还有意思，有声音，有了这些便要叫出来，我们有灵魂，得让它叫出来使大家知道。"

苏东坡四十多岁遭遇乌台诗案，出狱后千里贬黄州，途中凄然写诗："平生文字为吾累，此去声名不厌低。"然而他又并非一直消沉："却对酒杯浑是梦，试拈诗笔已如神。"

活着就要表达。范仲淹："宁鸣而死，不默而生。"

鲁迅挥了挥手："现在不是沉静的时候了，有声的发声，有力的出力，现在是可以动了，是活动的时候了！"

演讲结束了，学生们却刚刚被点燃，过道上、校门口，鲁迅先生被学生团团包围。他回到大钟楼，学生又蜂拥而去。青春群体围住一个极坚实的个体。他抽烟时，几只手为他划火柴。许广平含笑望着她的爱。学生散去了，她依偎着他，爱抚他的扎手的头发和胡子……

演讲一次接一次，学子一拨又一拨。鲁迅先生要做的事还有很多，不得不规定：本校和其他地方的演说一律以十分钟为限。20世纪的演讲史上，这个恐怕绝无仅有。

热血青年埋头苦读，谁不希望成为个体呢？有自己的见解和眼光，有情怀，有抱负，有生活情趣，有价值观、是非观。

热血冷下来，经由思考再升温。古人不是讲修身吗？千锤百炼身，淬火再淬火。

鲁迅在广州写下《黄花节的杂感》："久受压制的人们，被压制时只能忍苦，幸而解放了便只知道作乐，悲壮剧是不能久留在记忆里的。"黄花岗的七十二烈士……

与学生座谈，鲁迅经常提起中山先生的话："革命尚未成功，同志仍须努力。"

孙中山是悲剧性伟人，革命成功了，他的忧虑却远多于欣喜。鲁迅很理解孙中山的内心。

1927年春，头号卑鄙者蒋介石，联手上海的黑帮，向革命者磨刀霍霍。

2月18日，鲁迅去香港演说《无声的中国》，拿汉字和古文开刀；又说起社会改革，"中国人的性情是总喜欢调和，折中的，譬如你说，这屋子太暗，须在这里开一个窗，大家一定不允许的。但如果你主张拆掉屋顶，他们就会来调和，愿意开窗了"。

另一次演讲，《老调子已经唱完》，鲁迅说，中国的老调子就是唱不完。"我们的老调子，也就是一把软刀子。"软刀子"'割头不觉死'，一定要完的"。

鲁迅称："中国的文化，都是侍奉主子的文化。"

"无论中国人，外国人，凡是称赞中国文化的，都只是以主子自居的一部份。"

"保存旧文化，是要中国人永远做侍奉主子的材料，苦下去，苦下去。"

汉字，古书，旧文化，一律要推倒重来。鲁迅认为，大凡称赞中国旧文化的，多是住得安稳的阔人，他们怎么能不唱那些老调子呢？

鲁迅的盲点还是那个盲点。凡是旧的都不好，新才好。这位《新青年》的主力作家。

我们来看旧。

"仁者，爱人。"

"人者，仁也。"

"道法自然。"

"己所不欲，勿施于人。"

"平畴交远风，良苗亦怀新。"

这些句子是如此之旧，却与天地共存亡，与日月共光辉。为什么？迄今为止，人类远远达不到这些境界，背道而驰常有，丛林法则横行。这一层且撇下。

陶渊明甚至懂得植物的朦胧欣悦，吃个半饱就能逍遥，"春秋多佳日，登高赋新诗"。

陶渊明证明了：低沸点的欣悦可以无处不在。哪里需要消耗许多物质？

"欢言酌春酒，摘我园中蔬。"

"微雨从东来，好风与之俱。"

"相思则披衣，言笑无厌时。"

"邻曲时时来，抗言谈在昔。"

审美与人情主导的生存，并不依赖于能源的消耗。人情好，喝水都甜。一首诗一支歌，人就兴奋了，"充满劳绩，人诗意地栖居在大地上"。请记住这个"充满劳绩"。

陶渊明的生命兴奋度是一流的。尼采："艺术是生命的兴奋剂。"

而我们的小时候证明了：小孩子就像小猫小狗，活蹦乱跳永远是第一位的。寒暑假不花一分钱，每天伙起（搭伴），东一头西一头，疯玩十几个钟头，天上都是脚板印，耍不够，耍不累，耍不饿。有饼干吃的孩子可不多。

眼下的大问题却是：饼干太多。

我们的小时候证明了：全世界任何一种东西都能上手玩一玩。

玩出了亲切感，美感就生发，求知欲就生发，绵绵爱意就生发。

爱这个世界，爱得扎扎实实。我们没有失掉与朴素事物打交道的能力。

上帝赐福于人，不过如此吧。

本文在鲁迅先生的盲区停留，因为它不是小事。比如鲁迅看陶渊明，单单看见"金刚怒目式"，这表明他看见的是他想要看见的东西，他不能克服"角落站立者"的遮蔽。

托尔斯泰亲自翻译《道德经》，似乎未能进入鲁迅的视野。荷尔德林、叶芝、里尔克、艾略特对西方文明忧心忡忡。大诗人庞德翻译中国古典诗歌……

据说，《道德经》在全球的发行量仅次于《圣经》。这说明什么呢？

人是谁？人从哪里来？人向何处去？

人不能变成无休止的消耗者，人不能被放进复杂的利益链条。一旦放进去，人就变成乌眼鸡。人就算计人，压迫人，剥削人，奴役人，大国用尽花招欺负小国……

功利主义，技术主义，把人逼入死胡同。

海德格尔断言："唯有艺术才能拯救技术。"

1927年，三十九岁的海德格尔出版了《存在与时间》。大师非常重视东方文化。

鲁迅生长于旧文化旧风俗，呼吸着"旧空气"。长达二三十年，他与旧，有一种近乎病态的纠缠，犹如堂吉诃德忍不住要去缠斗风车。斗士一味地斗，落入"求意志的意志"。

这里的问题是：如果土拨鼠挖的地道不够长，深埋在历史厚土下的不好的东西会继续深埋。

勇往直前的土拨鼠孤军深入，有获得，也有迷失。

鲁迅关注底层，一生利他，重情重义，尤其是他孝敬母亲，真是无微不至，这些好品质都来自传统生活的浸润。思想家判断中国文明，何以匆匆略过了这些呢？

思想者必须先走极端吗？但是，巨大的思想冲击力，使力度本身难以掌控。发现并纠正偏颇，需要时间与时机。鲁迅直到晚年，未能突破盲点，未能整体把握传统文化的价值。

仁义道德并不是孔夫子的发明，它的雄厚基础在民间，它是人际交往永恒的黏合剂。务农，做工，经商，须臾不可缺。鲁迅对孔子、老子、庄子的思考，穿透力是不够的。

春秋战国五百多年，人性的各种极端性的东西全部登台亮相，催生了华夏民族的大智慧。智慧是逼出来的。仁义源自邪恶，悲悯源自杀伐，天道源自无序。

海德格尔："善是恶的善。"

《论语》为什么罕言利？因为利字有刀。"孔子西行不到秦。"

孔子、孟子的大拒绝，他们在乱世中固守的仁与爱，鲁迅先生掂量否？

一拒一守，先生掂量否？

持续数百年的暴力太可怕了，"春秋无义战"。

词语的力量能够应对人性恶吗？庞大的教育体系能够提升人性善吗？

《孟子》："人之所以异于禽兽者几希。"希同稀。

孔子暮年仰天长叹："吾道衰矣！"

近一百年前的鲁迅先生，对中国传统的思考有明显的盲区。

中国传统文化两大价值：1.对自然抱审美态度；2.对生活抱质朴态度。

在今天看，人类最难克服的是我们自己。贪婪与自私借助现代力量有了更大的表演空间。

苦海无边，回头是岸。但愿吧。

1927 年的春天，鲁迅仍在恋爱中。开学前，他和许广平游山玩水，一日，从越秀山跳下，扭伤了脚，躺了几天。心情好，人要跳。当初在北京他跳过了一张方桌……战士柔情似水。紧张的工作，少有的空闲。鲁迅写信说："我在这里，被抬得太高，苦极。作文演说的债，欠了许多……十七日到香港去演说，被英国人禁止在报上揭载了。"

许寿裳到中山大学任教，应鲁迅邀请住进大钟楼。看电影，下馆子，逛公园，远足。花城无处不飞花。鲁迅生命中的半个多月，享受爱情、友情、师生情。学生们来到大钟楼，邀请他去惠东楼的太白厅。鲁迅大谈而特谈。

夜里十一点以后，大钟楼的客人散去，作家开始写作，有时候通宵达旦。

思想家的磁铁效应是明显的。

请他赴宴的阔人们排着队，他不耐烦，在门上写了四个浓墨大字："概不赴宴"。

如此宣言式的拒绝，中国知识界百年唯一。

莫名其妙的饭，吃一回就会有十回。饭桌上人五人六，找利益的、找感觉的、拜访名人以自大其身的……"我的朋友胡适之"，成了当时学界流行的口头禅。

后来，蒋介石想见鲁迅，鲁迅不见。这个元首是元凶。

权贵们、阔人们，鲁迅先生不感兴趣，除非他要揭露其丑行。

鲁迅之所以能够发现各式"捧杀"，与他拒绝成为名流、拒绝插上各式身份标签有关。赴许多饭局，说无穷套话、废话，对一个思想者来说是不可想象的。

萨特形容这类饭局：不是人吃东西，倒是东西吃人。

多少英才被应酬缠死。犹如水底的杂草缠死"浪里白条"。周旋打躬作揖，每一张脸上都暗藏了几张脸，鬼头鬼脑没个完。

鲁迅拒绝面团人是很彻底的。古今优秀人物，谁是面团人呢？

好作家没有身份意识，他的目光穿越社会各阶层，他始终牵挂受压迫者。

苏东坡："上可陪玉皇大帝，下可陪卑田院乞儿。"

托尔斯泰坐火车专爱坐三等车厢，和工人、农民、士兵打得火热……

3月中旬，鲁迅就开始找房子，要离开大钟楼。名人住名楼看来是不行的，要逃离阔人的纠缠。他租了白云楼的三室一厅，把最大的一间让给许寿裳住。友情不用多说。他的窗下是一条小河，远处是珠江。写作，心心相印的心爱者在身边。许广平打理家务很用心。

4月8日，鲁迅在黄埔军校做《革命时代的文学》演讲："文学文学，是最不中用的，没有力量的人讲的；有实力的人并不开口，就杀人。"

天体的运行只有力学关系，没有道德因子。

如果宇宙中没有道德因子，那么上帝能做什么呢？

国与国，人与人，如果只有力学原理，那就无话可说了。

强势者却还要占领道德高地。为什么？道德具有原始性，对与错、是与非，具有永久性的民间基础，强势者会百般利用，霸占话语权。近现代的西方强盗深谙此道。远在莎士比亚那个年代，老处女伊丽莎白一世封一个臭名昭著的海盗为爵士，大张旗鼓表彰侵略与残杀，为英国几百年的殖民掠夺开了头。莎士比亚蔑视那个老处女……

黑格尔："国与国之间只有自然关系，没有道德关系。"

我们终于知道了：唯有国家强大，百姓才能安居乐业。

在大是大非问题上，国家立场是唯一的立场。

钱学森午后进书房，午夜才出来，六十年如一日；程开甲在罗布泊一待几十年……

1964年，我们有了原子弹；1967年，有了氢弹。

2022年，连法国人也扬言要到台海搅局，给"台独"助威，为美国效劳，赤裸裸选边站了。

全球多少事，还是归于一个"力"字。

鲁迅谈论政治的常用词："无聊"。

无聊是因为无奈。"心事浩茫连广宇"，又能怎么样呢？何时何处有惊雷？

强有力的思想家，能触摸到无力。

1927年他在黄埔军校演讲的结束语："愿意听听大炮的声音，仿佛觉得大炮的声音或者比文学的声音要好听得多似的。"

4月10日，当广州百姓欢天喜地，庆祝北伐军收复上海和南京时，鲁迅写文章泼冷水，《庆祝沪宁克复的那一边》，预言："黑暗的区域里，反革命者的工作也正在默默地进行。"

4月12日，蒋介石利用上海的黑帮头子黄金荣、杜月笙，疯狂屠杀革命者，"凡被认为是共产党员，立即逮捕、枪毙、杖毙、绞死、杀头，甚至腰斩及凌迟"。

4月28日，奉系军阀张作霖杀害李大钊。

鲁迅连日思念这位《新青年》时代的良友，伫立窗前无语，狠狠地抽烟。吃不下，睡不着。彻骨的疼痛，透心的悲凉。《守常全集》，鲁迅写序。

鲁迅曾经对北伐军寄予厚望。而蒋介石的屠刀挥向了广东，继上海"四一二"大屠杀后，在广州搞"四一五"大屠杀。

中山大学半夜被包围，几十个进步学生被军人抓走。鲁迅在紧急会议上质问朱家骅："对于被捕的学生，政府能否解释：他们究竟违背了孙中山总理的三大政策的哪一条？"

权势者顾左右而言他。鲁迅辞职。傅斯年考虑校方的面子，请鲁迅收回成命。"全校学生大会也做出挽留的决定，于次日派出四名代表，前来白云楼寓所。"

周树人教授在门内对学生说："周先生不在家。"

《人间鲁迅》："有为的青年都被捕了，被杀了，在如此恐怖的时刻被委为代表者，会是什么人物呢？对于青年，他早已不如先前那般的敬重了……"

学生代表与鲁迅谈了三个钟头，无果。鲁迅看青年，面无表情，目光一直冰冷，是因为他向来对学生抱着热切的希望。冷却，也是一种自保的方式，怕失望。

鲁迅的冷，乃是热的变式。有多热，就有多冷。

朱家骅一次又一次来，无果。中大委员会两次派人来，鲁迅闭门不见。

鲁迅写信给孙伏园："我住在上月租定的屋里，想整理一点译稿，大约暂时不能离开这里。前几天也颇有流言，正如去年夏天我在北京一样。哈哈，真是天下老鸦一般黑哉！"

鲁迅愤怒时颇能幽默，开玩笑，文字很放松。愤怒者并不慷慨激昂，恰好是"出离愤怒"的一种结果。

此间，《野草》成书了，《题辞》曰："当我沉默着的时候，我觉得充实；我将开口，同时感到空虚。"

他决计离开广东。一年几千块大洋，不稀罕。

孟子曰："富贵不能淫，贫贱不能移，威武不能屈。"

鲁迅《答有恒先生》：“我至今为止，时时有一种乐观，以为压迫，杀戮青年的，大概是老人。这种老人渐渐死去，中国总可比较地有生气。现在我知道不然了，杀戮青年的，似乎倒大概是青年，而且对于别个的不能再造的生命和青春，更无顾惜。”

《而已集》：“这半年我又看见了许多血和许多泪，然而我只有杂感而已。泪揩了，血消了；屠伯们逍遥复逍遥，用钢刀的，用软刀的。然而我只有‘杂感’而已。”

他翻译童话《小约翰》，把目光投向了孩子；编散文集《朝花夕拾》……

日本作家山上正义来到白云楼，发现鲁迅瘦多了。

鲁迅说：“中国并没有什么新文学运动，什么也没有，一切都死灭着。”

许寿裳与鲁迅共进退，断然辞职，离开广州，中大教授的饭碗不要了。当初在教育部，许寿裳为鲁迅鸣不平，怒斥教育总长章士钊，拒绝上班……血性男儿的离去，使鲁迅黯然神伤。

白云楼空空荡荡。爱情又把它填满。女性温柔的手，抚平战士内心的创伤。

鲁迅在广州的最后一次演讲，《魏晋风度及文章与药及酒之关系》，讲司马氏杀害“竹林七贤”之一的嵇康，讲包括曹操在内的权力者，杀害有良知的知识分子。时在大雨天，礼堂的四百多个座位不够用了，五六百人济济一堂，气氛活跃。市长、教育局局长在台下。

鲁迅说：“在这半年中，我譬如一只雄鸡，在和对方呆斗。

这呆斗的方式，并不是两边就咬起来，却是振冠击羽，保持着一段相当距离的对视。因为对方的假君子，背后是有政治力量的……"台下的市长、局长装出笑容听。青年学生凝神倾听。

鲁迅写《小杂感》："每一个破衣服人走过，叭儿狗就叫起来，其实并非都是狗主人的意旨或使嗾。叭儿狗往往比它的主人更严厉。"政界的叭儿狗，文坛的叭儿狗……

8月，鲁迅编完了《唐宋传奇集》。

1927年10月，鲁迅偕爱侣许广平抵达上海。

《人间鲁迅》："以特殊的地理位置，上海成了殖民帝国的野心、资本以及西方文明在中国的最大的输入口……政府的许多重要机构，都不设在南京，而设在这里的公共租界和法租界。在租界地，党国要人都有他们的公馆和别墅。"

列强殖民中国，先殖民上海。《人间鲁迅》："整个上海，成为大小军阀、官僚、政客、党棍、买办、帮头、流氓、特务交混一体的罪恶的渊薮。"

北京成为军阀的战场后，大批文化人也南移到上海。

鲁迅住闸北的景云里，许广平先生有文章《景云深处是吾家》，每个字都饱含亲切。后来迁北四川路、大陆新村九号，房子宽敞而整洁。鲁迅不排斥物质生活。

《语丝》从北京搬到了上海。

创造社、太阳社在上海很活跃。茅盾、郭沫若分别从武汉和香港来到上海。鲁迅与茅盾、郁达夫、冯雪峰等一见如故。后来与瞿秋白更是成为平生至交。他不喜欢梁实秋。讨厌帮闲文人如陈源、徐志摩……"帮闲"这个词是鲁迅造的。

到上海不久，鲁迅认识了一个开书店的日本人：内山完造。

内山书店设有茶座，经常有中、日两国作家的"漫谈会"，郭沫若、郁达夫等都去过。内山完造也写文章，仗义而好客，书店人气很旺。他把认识鲁迅看作"一生的幸福"，称为"刎颈之交"。鲁迅隔两三天就会去内山的书店，买书，喝茶，会朋友。

读书人需要价值抱团。魏晋时期的士人们在竹林抱团……

内山对鲁迅说："不出卖朋友的人，在日本也有的。"

几年后鲁迅避难，内山出了大力。

鲁迅初到上海就有一系列的演讲。《关于知识阶级》，鲁迅说：知识和强有力是冲突不能并立的。知识阶级是在指挥刀下听命行动，还是发表倾向于民众的思想呢？

在暨南大学演讲，他对几年来的所谓"革命"持否定态度。《人间鲁迅》："（他）甚至不承认，在中国的土地上曾经发生过一场本来意义上的革命……他称国民党政权统治下的生活环境为'大铁幕'。"

在《文学与社会》的演讲中，鲁迅列举了三种文学现象：一是造象牙塔，为艺术而艺术；二是把社会的苦痛趣味化；三是诅咒社会却为了发泄。

苦痛趣味化，今日依然是恶俗。娱乐圈年复一年助推这种东西，嬉皮笑脸成时尚，装怪装疯受追捧。为他人痛苦原本是一种能力，这种能力却在怪异的氛围中日益衰减。我写苏东坡，诧异于他一辈子为亲友的逝去而痛苦不堪。秦少游死，坡翁号啕于道路。南宋陆游为唐琬伤心，几十年不变。

古代，近现代，痛苦在民间是恒常的。亲友病了，健康的人会担忧，会不安，常常不敢启口问；亲友走了，活着的人会长久地想念。

古代，近现代，死亡绝不是一件表面上的大事。

我妈妈生前说过：亡人越望越远。

妈妈去世近三十年了，妈妈的儿子年年在望……

如果哀伤、痛苦、怀念的分量在未来持续变轻，人情如纸复如烟，那么，生活就没多大意思了。不可以接受的是：利益算计、信息刺激、娱乐起哄、轻佻麻木，表现为人之常态。

冷漠会碰上冷漠，麻木将遭遇麻木，不仁会招来不义。

换言之：报应。

报应有个尽头吗？

海德格尔："算计型思维在最不应该算计的地方统治得最为顽固。"

鲁迅是典型的深度生存者，热血智者，所以，他敏感于一切形式的轻佻与冷漠。

鲁迅先生的日常生活是充满温馨的，客人们每日造访。许广平爱他，照顾他，为他誊写稿件，犹如朱丽叶深爱着维克多·雨果。由于他名气大，攻击他的人不少，说他"讨姨太太""弃北京之正妻而与女学生发生关系，实为思想落伍者"。

上海的小报称，许广平是"鲁迅之小爱人"。又有流言说鲁迅之所以离开朱安，是许广平从中作梗。二人世界，很多不相干的人却在踮起脚围观。小市民，总是睁大东张西望的眼睛。

许广平是做过学生运动领袖的，有组织才能，有写作才华，现在她操心日常琐事。

伟人身边，温柔的女性不可或缺。《欣慰的纪念》有许多细节。

鲁迅在上海亮相，引来创造社、太阳社的围攻。"革命文学家"纷纷把矛头指向鲁迅。郭沫若、冯乃超、钱杏邨、成仿吾、李初梨、蒋光慈等，在《文化批判》等多种杂志上撰文，向鲁迅开火，而鲁迅据以反攻的，只有一本《语丝》杂志。

冯乃超说："鲁迅这位老生……是常从幽暗的酒家的楼头，醉眼陶然地眺望窗外的人生。世人称许他的好处，只是圆熟的手法……"

蒋光慈称："有很多的作家，他们虽然也攻击社会的不良，虽然有时也发几声反抗呼喊，但是始终在彷徨，彷徨。"顺便提一句：蒋光慈的新诗写得动人。

钱杏邨火力最猛，称："鲁迅终究不是这个时代的表现者。"在他看来，鲁迅的思想走到清末就停滞了。在《死去了的鲁迅》一文中，钱杏邨以审判的口吻说："鲁迅先生，现在是醒来的时候了……要就死亡，要就新生，横在你面前的是这两条路。"

"鲁迅的出路只有坟墓，鲁迅的眼光仅及于黑暗。"

黑暗是深不可测的黑暗，"仅及于黑暗"是什么意思呢？鲁迅的价值，恰好是他在无边黑夜中的巍然站立。他把暗夜里很难看清的东西揭示出来。洞察暗夜的文学大师，唯有鲁迅。

郭沫若化名杜荃，写长文批判鲁迅："不是健康的现代人。"

"以前说鲁迅是新旧过渡时期的游移分子，说他是人道主义者，这是完全错了。"

革命处于低潮，"革命文学家"倒是情绪高涨。

鲁迅反击。坚实的个体面对一个个热血青年。在广州，他曾看见成仿吾穿高筒军靴在街上昂首阔步，不觉皱眉头。后来左翼作家联盟的一些人，他也看不惯，嘲笑说：从车上下来四条汉子，"一律洋服，态度轩昂"。

冷静的思想家，冷眼打量血脉偾张的年轻人。而在风起云涌的时代，怀抱远大理想的青年，热血沸腾注定是常态。

鲁迅先生写信对朋友说："上海书店有四十余家，一大队新文豪骂了我大半年，而年底一查，拙作销路如常，捏捏脚膀，胖了不少。"

鲁迅不动如山。李初梨叹息："他所'喜欢'的，无论是谁，是动也不许动的。"

鲁迅真正的敌人其实是新月派，徐志摩、梁实秋之流。还有胡适。

徐称："在一个常态社会的天平上，情爱的分量一定超过仇恨的分量，互助的精神一定超过互害与互杀的动机。"军阀混战、百姓涂炭之时，这个有钱人的儿子说这种话。

梁称，穷人"只消辛辛苦苦诚诚实实的工作一生，多少必定可以得到相当的资产"。

这是胡说八道，不仅帮闲，而且帮凶。几亿农民辛苦一辈子，得到"相当的资产"了吗？

鲁迅《"丧家的""资本家的乏走狗"》，描画梁实秋："不知道谁是它的主子，正是它遇见所有阔人都驯良的原因，也就是属于所有的资本家的证据。即使无人豢养，饿的精瘦，变成野狗了，但还是遇见所有的阔人都驯良，遇见所有的穷人都狂吠的，不过这时它就愈不明白谁是主子了。"这种走狗会一直走下去。

胡适称："日本只有一个方法可以征服中国，即悬崖勒马，彻底停止侵略中国，反过来征服中国民族的心。"胡适与周作人相距不远。

鲁迅《出卖灵魂的秘诀》：胡适成了"日本帝国主义的军师"。

1928年1月，鲁迅家里来了一个穷青年，名叫廖立峨，原是中山大学的学生。他一来就要做鲁迅先生的"义子"，还带上妻子与妻兄。"把先生当作家长了，供给膳宿，津贴零用，一切由先生负担。"三个人占底楼的房间，住了七个多月。鲁迅给上门的"儿子"介绍了工作，代付工资，每月达三十元。这所谓儿子嫌麻烦，不干了，白吃白喝。鲁迅不说什么。廖立峨要回老家，用命令的语气叫鲁迅掏路费。鲁迅给足了路费，对方又提出回老家要买地。鲁迅瞠目结舌了。几年后廖立峨又写信来："原来你还没有倒掉，那么，再来帮助我吧。"

《欣慰的纪念》："世界上竟有这样的呆子吗？可是这呆气，先生却十分珍贵着。他总是说：'我不能因为一个人做了贼，就疑心一切的人！’”

廖立峨的故事，时下的中小学班主任不妨讲一讲。

后来又有王阿花的故事。王阿花是鲁迅家里的女工，勤快，无拘束，干活总是唱山歌。鲁迅和许广平都喜欢她。可是有一天，一伙浙江的乡下人上门来闹事，原来王阿花是不堪被虐待逃出来的。她死活不肯回去。鲁迅拿出一百五十元替她赎了身，她欢天喜地了。后来，王阿花有了男朋友，想离开，离别时鲁迅夫妇摆了酒席祝贺她。她抹着眼泪走了……

生活细节是很能说明一个人的。

历代大文人几乎都宅心仁厚，有悲天悯人之情怀。

文气通正气，歪风邪气写不出传世佳作。"品中国文人"系列揭示了这个现象。

7月，鲁迅偕夫人许广平，去杭州玩了四天。《和鲁迅相处的日子》："鲁迅先生在杭州住了四日，虽是那么难得的高兴；在后来见面时说起来也总不忘此行。但说到杭州时，以为杭州的市容，学上海洋场的样子，总显得小家子气，气派不大。至于西湖风景，虽然宜人……如果流连忘返，湖光山色，也会消磨人的志气的。如象袁才子一路的人，身上穿一件罗大褂，和苏小小认认乡亲，过着飘飘然的生活，也就无聊了。

"在鲁迅先生战斗劳苦的一生中，也只有这一次，居然匀出四天的时间来休息了一下。"

此前在广州，鲁迅也玩过。杭州一玩四天，可能在鲁迅的一生中只有一次。

先生偶尔一玩，却让人记住了。不仅是因为玩。

苏东坡任通判杭州三年，填词多婉约，他走马山东，词风变豪放了。如果他长居杭州，无非柳永、张先而已。宋词九百家，八百是南人，艳词、婉约词占了绝大多数。

思想者不能长居温柔乡。作家是要思考的。鲁迅更是战士。

林贤治写道："他购入马克思主义经典著作及社会科学书籍共一百三十多种。"

李霁野《回忆鲁迅先生》描述鲁迅接触马克思主义："马克思主义是最明快的哲学，许多以前认为很纠缠不清的问题，用马克思主义的观点一看，就明白了。"

1928年的这个转向是决定性的。与创造社、太阳社的论战也有好处，使鲁迅谋求自身的突破，思想朝向更高。

1929年5月，他去北京探母，日记："晨登沪宁车，柔石、真吾、三弟相送。"他在砖塔胡同住了十九天。写信对许广平说："母亲精神容貌仍如三年前。"

许广平描绘鲁迅的母亲："在夏季，人们多要穿白色鞋子了……而这位老人家，暑天也穿白色鞋子，头发并不很白，面孔是细致，白皙而圆圆的，戴起蓝眼镜，穿起玉蓝色旗袍，手撑蓝洋伞（她喜欢蓝颜色），脚登白色鞋，坐在人力车上，实在足够精神。"

鲁迅的母亲七十岁穿旗袍，穿白色鞋子。应该是胶鞋，走路很轻快，一步踏上人力车。

许广平写道："她还有一点好处：就是从不迷信，脑里没有什么神鬼在作怪。一切都自然地生活，又从不唠叨，不多讲闲话，和年轻的最合得来，所以精神活泼而强健。"

"七十岁的高龄，就如同十五六岁的小姑娘一样埋头苦学，始终不倦。"

真是中国女性的好榜样。生命在不断地更新。

《人间鲁迅》："他告知母亲，说八月间就要有小孩子了。鲁瑞很高兴……"

《两地书》中鲁迅致许广平："看现在的情形，我们的前途似乎毫无障碍了，但即使有，我也决计要同小刺猬跨过它而前进的，决不畏缩。"害马、小刺猬、乖姑，是许广平的昵称。

许广平收到从北京寄来的枇杷、莲蓬，流泪了。她复信："我希望你在家时也挪出些工夫睡觉，不要拼命写，做，干，想……你的乖姑甚乖，这是敢担保的，她的乖处就在听话，小心体谅小白象的心，自己好好保养。"

第二天她又写："我就定你是小莲蓬，因为你矮些，乖乖莲蓬！"

鲁迅有一封信的末尾未署名，画了一只做翘望状的小白象。

鲁迅在京时，被拉到各处去演讲，燕京大学、北京大学、女师大等。"原来因为听讲的人太多……鲁迅先生绕到后台才走上讲坛。"

在燕大的演讲是《现今的新文学的概观》，他总结：中国人的目光太近视，这是通病，往往为了眼前一块小石头绊了一下脚，就抛开了正事不再往前走，而与小石头争持一辈子。

目光短浅是要吃亏的，但是吃了亏，人们的目光为何还是短浅呢？

实用主义，庸俗实用主义，乃是目光短浅的源头。源头在，吃亏是吃不完的。比如，亲情友情讲实用，情谊就会死掉。情死了，有些人比动物凶狠，一门心思要让别人吃亏，"机关算尽太聪明"。实用主义者，命中注定要算来算去，直到算计天地，反噬他自己。

20世纪二三十年代，中国吃了大亏，民族面临危亡，知识青年受到血与火的刺激，想问题的学生占多数。鲁迅的演讲总是引起共鸣、引发轰动，原因在此。思想的火花，能闪入大学生的眼睛。埋头沉思者、仰天长啸者、捶胸顿足者、挑灯夜读者，校园里比比皆是。

和平时期，群体的相对平庸殊难避免。但是，青春价值唯有四个字：朝气蓬勃。

如果连大学生都懒于思索，不激动，不向上，混文凭，盯利益，睡大觉，放纵与麻木循环，那就麻烦了：青年人老气横秋，大学生暮气沉沉。

德里达尝言，大学首先是追问的场所。

德里达的老师海德格尔："追问乃是思之虔诚。"

鲁迅在北京的十九天，受到学界的广泛关注。北京大学固请他留下来任教，他拒绝了。

他多次去未名社，和年轻的编辑们聚会，畅谈，畅饮。朴素的亲爱者在一起，其乐也融融，可是缺了韦素园。鲁迅先生抽着烟走到一边去了，良久不语。

前年在广州，鲁迅忽然收到一本书，那是由素园精心编辑的他的译作《外套》，不觉心头一紧。这是最后的纪念品吗？

韦素园在西山疗养院养病。鲁迅和未名社的同人去看他，大家很高兴。但是鲁迅想到素园的未婚妻解除婚约和别人订了婚，心就一沉。素园自知难起，力促未婚妻离开他……在医院里待了好几个钟头，探望者不肯走。欢声笑语掩饰着。说要走，找借口又坐了下来。先生不抽一支烟。素园几次请先生抽烟，先生才走到门外去抽，走得远远的。

一面抽着，一面抹着泪……

鲁迅见韦素园，这是最后一次，是永诀。

爱人者，心要疼。这毫无办法。

后来，史沫特莱女士恳请鲁迅先生出国养病，哭了一次又一次……

1929年9月，许广平生一子，取名周海婴。因是难产，要做手术，医生问鲁迅："留大人还是留小孩？"鲁迅不假思索答："留大人。"

《欣慰的纪念》："在小孩子出世的第二天，他非常高兴地走到医院的房间里，手里捧着一盘小巧玲珑的松树……轻轻地放在我床边的小桌子上。"

松是坚劲的，又含长命之祝福。

"鲁迅先生每天至少有两三次到医院里来，有时还领着一批批的朋友来慰问。"

他给小孩洗澡，弄得大人小孩都狼狈。小孩生病，他一定失眠。他抽烟门窗紧闭，咳嗽压低嗓子，不能惊了孩子的梦。半夜他总是蹑手蹑脚上楼去，看孩子两小时，让夫人多睡。孩子一个月以后，家里才来了一位女工，她就是王阿花。

鲁迅曾经注意到"母爱的盲目"，现在他发现父爱的盲目。他关心孩子太细了，难免有些神经质。明知神经质，又拿自己没办法。许广平说："小孩有些咳嗽，不管在另一间房子或另一层楼，最先听到的是他。"

"鲁迅反对小学教师的鞭打儿童，但有时对海婴也会加以体罚……要打的时候，他总是临时抓起几张报纸，卷成一个圆筒，照海婴身上轻轻打去，但样子是严肃的，海婴赶快就喊：'爸爸，我下回不敢了。'"

痛感也是一种挫折感，适当的体罚对小孩是有效的。我记得，当年眉山的儿童，找不到一例抑郁、自闭患者，家家户户的比较严格的规矩是原因之一。父母一般不护短，顽皮淘气的孩子经常挨打。尤其是男孩子，在挫折中健康成长。

另外，男孩子要打架的，却未闻打进医院。打出了野性边界，打宽了雄性渠道。而眼下的男孩子，娘娘腔太多，男不男女不女的。相应地，女汉子一茬茬冒出来。

男儿不雄壮，女儿哪有温柔？

阴阳格局一万年，今日面临颠倒之势。

鲁迅写《上海的儿童》。看电影，喜欢看儿童片。大作家一直关注小孩子。萨特获诺贝尔文学奖的作品《词语》，全书写他十二岁之前的感觉世界。罗素写自传，大篇幅瞄准四岁左右的生命记忆。弗洛伊德研究幼儿的口唇期、肛门期。荣格苦苦追踪集体潜意识的源头……

无数次的回首，回望，回思，方能回到孩提时光。

中国作家、艺术家对童年的探索实在有限。对人性的追问依然是短板。这个短板，注定要波及长远。例如，网瘾如此害人，却没有一部电影淋漓尽致地加以揭示。

普通人不能受惠于作家们的探索，民间千百年累积的常识又在不断丢失，于是，童年显现为巨大的盲区。而老师们囿于职业习惯、学校氛围，无功利探索者寥寥，难以形成大力。

本文写鲁迅，是为了获得一段百年助跑，以跃入当下。

难题多，迎难而上吧。

1930年2月，鲁迅加入了中国自由运动大同盟。国民党浙江省党部呈请南京政府，通缉"堕落文人"鲁迅等五十一人。很多人躲起来了，鲁迅不当一回事，每天上街去。许广平非常担心，内山完造再三苦劝，他才躲进了内山书店。妻子不时抱着孩子去看望。鲁迅偶尔外出一回，背后就有三个穿学生装的特务跟踪。5月，他搬到北四川路的公寓。

蒋介石对文化人搞白色恐怖了。

《人间鲁迅》："中国共产党中央负责人对中央文化工作委员会书记潘汉年指示说：解散创造社和太阳社，立即停止对鲁迅的论争，把鲁迅以及在他影响下的人们争取过来。"

冯雪峰、柔石、殷夫等青年作家，常与鲁迅见面。"冯雪峰在鲁迅面前，真正感受到了与朋友相处的愉快。在他们之间，革命、阶级、知识分子、人道主义、现在与将来的种种话题，无所不谈。"

鲁迅感慨："人道主义也的确是无用的……除非也有刀在手里。"

"托尔斯泰还是难得的，敢于向有权力者抗争。"

先有刀，然后才能谈人道。有刀的邪恶者却在不断地屠杀，拿人权、人道主义做幌子。

刀枪对刀枪，舍此无二途。选择了人道主义就是选择了战斗。丢掉幻想，武装斗争。

善良的人往往对人性善抱着幻想，流了很多血。仁者要拿起枪杆子。

冯雪峰向鲁迅讲述工农红军，鲁迅听得非常仔细。

"哪里有压迫，哪里就有反抗。"

"星星之火，可以燎原。"毛泽东这句名言，写于1930年1月。

狼吃羊，羊逃跑。人吃人，人要反抗。这个颠扑不破的规律不亚于物理定律。

1930 年 3 月，"中国左翼作家联盟"在上海成立。筹备小组十二人，除了鲁迅和郑伯奇，其他人都是年轻的共产党员。冯乃超、蒋光慈、钱杏邨等，曾与鲁迅论战。"冯乃超是站在阵前攻击鲁迅最力的人，但是见面以后，鲁迅却因他的诚挚而全然忘却了过去的仇隙，热情地接待了他。"为了共同的大目标，个人的恩怨不计较。后鲁迅推荐郁达夫加入了左联。

在左联成立大会上，鲁迅发表演说："我以为在现在，'左翼'作家是很容易成为'右翼'作家的……"台下的一些人表示不满。左联内部的问题并不少。

近现代西方一流的作家艺术家，关注底层的占主流。举一些例子：雨果写《悲惨世界》《海上劳工》；狄更斯写小人物的美好与辛酸；左拉、巴尔扎克强烈批判金钱社会；凡·高画穷人，宁愿与穷人为伍，拒绝家族的财富；托尔斯泰厌恶上流社会，对朴素的农民倾注了感情；契诃夫悲悯着俄罗斯劳苦大众；毕加索是共产党员；福柯为矿工呐喊。

萨特说："不是社会主义就是野蛮！"

罗素《西方哲学史》：马克思真诚地站在大多数人一边。

海明威也是倾向于"左"派朋友的，抗战时期他来过中国，对蒋介石印象不好。

"左翼"作家的大方向是好的，这毋庸置疑。选择了站在大多数人一边，就意味着：反抗一切形式的强权。

强权却意味着：不择手段吸附强势者，分化中间派，压迫弱势者。

9月，史沫特莱认识了鲁迅。她是德国《法兰克福日报》驻中国的特派记者，是著名作家，小说《大地的女儿》的作者。这一年她四十一岁。她生于美国，当过烟厂工人、书刊推销员。后来她去延安，采访了朱德总司令，并为朱德写传记。她为中国革命呕心沥血。

9月17日，上海文化界、教育界二三十人，秘密庆祝鲁迅先生五十岁生日。

鲁迅与史沫特莱用德语交谈，"他的风度，他的语言，他的每一个手势，都放射出一种完美的人才可能具有的魅力。在他的面前，史沫特莱突然感觉到自己像一个呆子似的粗野笨拙和局促不安。客人们很快到齐了。这时，鲁迅便回到花园里去。史沫特莱再三转过身来看他。他因某些手势而举起来的细长而生动的手，紧紧地攫住了她的心"。

男人之美，美在力度。史沫特莱一眼就发现了鲁迅的力之美。这叫本质性直观。

中国面团人多，面团人活得像一堆仿制品。鲁迅出现在任何场合，都会显得卓尔不群，包括他的谈吐、他的目光、他的表情与手势。

知识界能思考的人原本有限，教授学者往往不崇洋就泥古。

背向权势的鲁迅，却随身携带强大的气场。这个现象耐人寻味。李白："屈平辞赋悬日月，楚王台榭空山丘。"韩愈："李杜文章在，光焰万丈长。"

春秋战国五百多年，数不清的权豪人物早已灰飞烟灭，而民间生长的老、庄、孔、孟、墨，永载教科书，永远指点华夏文明的进程。

一个巨大的文化符号要管一万年。

从长远看，思想家乃是强大者。

在生日宴会上，鲁迅演说，认为中国的知识青年，没有体验过工人农民的生活，是不能产生无产阶级文学的。

有热血青年当场埋怨："太令人失望了！"

史沫特莱扭过头大声说："我完全同意鲁迅的意见！"

《人间鲁迅》："在她看来，中国的知识分子从来没有做过体力劳动，他们的写作，是一种同实际经验脱了节的职业。"

眼下中国的青年作家，抓紧大地才好。抓紧意味着：摆脱形形色色的无根性。

鲁迅致力于推动中国的版画，版画需要的材料十分简单，一把小刀、一块木板，加上纸墨就干起来了。"在鲁迅看来，中国画的表现力是不够的，而油画和水彩画的颜料又太贵。"

关于中国水墨画的表现力，本书另文详谈。

黄乔生《鲁迅年谱》："1933 年 11 月 16 日。致吴渤信。谈到刘海粟于本月 10、11 日在上海举办的美展：'刘大师的那一个展览会，我没有去看，但从报上，知道是他包办的，包办如何能好呢？听说内容全是'国画'，现在的'国画'，一定是贫乏的，但因为欧洲人没有看惯，莫名其妙，所以这回也许要'载誉归来'，像徐悲鸿之在法国一样。"

当时的刘海粟三十八岁，已被捧为大师。

鲁迅又说："中国近来其实也没有什么艺术家。号称'艺术家'者，他们的得名，与其说在艺术，倒是在他们的履历和作品的题目——故意题得香艳，漂渺，古怪，雄深。连骗带吓，令人觉得似乎了不得。"

艺术家先要具备活动家的本领，不活动，不敲门，不热衷社交，画是不好卖的。艺术变成商品，未必是坏事，但艺术家的个人修养却是可疑的。民国时期很有一些名画家，颇善于趋奔权贵，结交豪门，玩弄推销术，盯紧一个"卖"字。

俗话说：卖钱不卖钱，摊子要扯圆。

我印象中的古代画家如王维、文同、苏东坡、八大山人，不是这样的。

作家是由读者来支撑的，画家不是这样。现代画作，大抵在画商们手中转来转去。

鲁迅被称为中国现代版画之父。他身边聚集了一批美术青年，办木刻讲习所，他购买的美术书籍超过文史类书籍，又托日本友人搜集浮世绘版画。

当年在教育部他就力推大众美育，翻译过厚厚的《近代美术史潮论》。

鲁迅收藏的外国版画原拓、附有木刻插图的文学作品，有上千种之多，居中国公私收藏家之冠。其中，德国和苏联版画最多。粗犷的黑白线条刻下劳动者的挣扎、斗争。热爱鲁迅的史沫特莱倾力协助，她费许多周折，买来珂勒惠支用五年时间创作的一组版画《农民战争》。大地的女儿很懂得珂勒惠支。

罗曼·罗兰说："珂勒惠支的作品是现代德国的最伟大的诗歌。"

"为有牺牲多壮志，敢教日月换新天。"

1931年2月7日，柔石牺牲了。殷夫、胡也频、冯铿、李伟森也牺牲了。

柔石身中十弹。这是个浙江青年。胡也频是丁玲的爱人。殷夫的哥哥是国民党高官。

柔石善良得近乎迂腐，他相信人总是好的。有人告诉他社会的种种阴暗、人的凶狠残暴，他会惊疑地睁大了近视眼睛，抗议道："会这样吗？——不至于此吧！"

生活中的事情，柔石总是先考虑别人，就连过马路也小心翼翼抓住朋友的衣裳，担心朋友撞了汽车或电线杆。"只要是损己利人的，他就挑选上，自己背起来……"

柔石与女性在街上同行，要隔三四尺的距离。旧道德与新道德，柔石兼而有之。

有一次柔石回老家多待了一些日子，回上海，受到朋友们的责备，因为斗争正激烈。柔石嗫嚅着解释：他的老母亲双目失明了，要他多住几天。

柔石提到老母，忍不住哭泣了。他一声不吭，加倍地工作，翻译、创作，组织朝花社，编《奔流》杂志。这个善良的、不相信人间邪恶力量的青年。

国与国只图利益，人与人要讲仁义。利益、仁义，都是人类的基础性的东西。

逐利是动物本能，尚义是价值规范。

值得注意的是：在信息尚未爆炸的时代，柔石式的不相信恶的青年，在大城市不少，在小城和乡村很多，具有向善的广泛性。而眼下，国与国之间玩弄的各种手段，频繁见之于互联网，每日吸引无数眼球，前所未有地冲击民间的单纯向善的基础。

不相信恶的柔石，被罪恶的子弹洞穿了年轻的身体。

上海龙华警备司令部屠杀二十四个共产党员，活埋、射杀，其中有五位左联作家。

史沫特莱赶到鲁迅家时，发现极度悲哀的鲁迅整个地变了，"慈父般的仁爱被深深地掩盖起来，表露出来的是严秋的憔悴与冷峻……他的声音里充满着一种可怕的仇恨"。

爱，直接是恨。爱有多深，恨有多深。

"忍看朋辈成新鬼，怒向刀丛觅小诗。"

《鲁迅年谱》："柔石等牺牲后，鲁迅极为悲痛，有时因愤怒而终日无言。"刘和珍死，他也是这样。

爱到深处无言，恨到极点无语。

鲁迅把一篇文章交给史沫特莱，请她译成英文在国外发表。《黑暗中国的文艺界的现状》，大意是：在中国，无产阶级的革命的文艺运动是唯一的文艺运动，除此之外，中国已经毫无其他文艺。文章点了上海警备司令部，史沫特莱为鲁迅的性命担忧。

鲁迅说："中国总得有人出来说话！"

他拿出一百大洋交给柔石的妻子。日记："夜交柔石遗孤教育费百。"朋友们也纷纷掏腰包……复旦大学等编《鲁迅年谱》："柔石牺牲后，遗子二人，女一人。"

他写《中国无产阶级革命文学和前驱的血》："中国的无产阶级革命文学在今天和明天之交发生，在诬蔑和压迫之中滋长，终于在最黑暗里，用我们的同志的鲜血写了第一篇文章。"

他沉重地感到，中国失掉了很好的青年。

他写下不朽之作《为了忘却的记念》："不是年青的为年老的写记念，而在这三十年中，却使我目睹许多青年的血，层层淤积起来，将我埋得不能呼吸，我只能用这样的笔墨，写几句文章，算是从泥土中挖一个小孔，自己延口残喘，这是怎样的世界呢。夜正长，路也正长，我不如忘却，不说的好罢。但我知道，即使不是我，将来总会有记起他们，再说他们的时候的。"

愤怒的鲁迅，文字却是平静的。这种文字风格，是三十年的血与火逼出来的。

"吟罢低眉无写处，月光如水照缁衣。"

秋瑾、徐锡麟、刘和珍、杨德群、柔石、殷夫、胡也频……

屠刀挥舞之时，作家痛感笔的无力。

《前哨》杂志出版，贴上了左联几个烈士的照片。大型文学杂志《北斗》创刊，主编丁玲，烈士胡也频的妻子。插图用珂勒惠支的版画，其中一幅《牺牲》，全身赤裸着，双手高高地举起一个婴孩。充满仇恨的母亲没有一滴眼泪。珂勒惠支的儿子死于战场。

母爱，仁爱，却是泪如海洋。

邪恶深不可测。恶之花到处开。

笔的无力直接是善的无力吗？鲁迅先生不信这个邪。"战斗正未有穷期。"

中国半封建、半殖民地社会，作家鲁迅始终踏着血迹前行。

20世纪的作家当中，鲁迅对血与火的感受是最深的。

他翻译战斗民族俄罗斯的作品《毁灭》《铁流》，也翻译幽默大师果戈理的《死魂灵》，翻译许多童话，欣赏冯至、汪静之的新诗、情诗。

大作家鲁迅，不仅是愤怒者，也是美好生活的揭示者、赞美者。

国民的劣根性，强权者的罪恶，并不足以占据他的全部视野。他写《上海文艺之一瞥》，嘲笑才子加流氓，但是对小资产阶级的文艺并不一概排斥。他去看日本浮世绘展览，说："所画的多是妓女和戏子，胖胖的身体，斜视的眼睛……"它的价值却在的。

坚实的个体是能够理解旁人的生活的。每个人都生活在具体的环境中，而环境比人强。一般来说，人是一种氛围动物，氛围比人强。

鲁迅既有宏阔视野，又能看见日常生活，宏观微观都胜人一筹。

荷尔德林："思想最深刻者，热爱生机盎然。"

1931 年，九一八事变，日本关东军迅速占领东三省。蒋介石的一句"绝对不抵抗"，导致东北长期沦陷。

1932 年，鲁迅与宋庆龄、蔡元培、杨铨等人组建中国民权保障同盟。1933 年 6 月，总干事杨铨被执政当局派出的特务暗杀。鲁迅也被列入暗杀名单。他去参加杨铨的追悼会，出门不带钥匙，赴死之心已决。

大雨滂沱送杨铨……

杨铨字杏佛，江西人，做过孙中山的总统府秘书。蔡元培任中央研究院院长，任命他为总干事。5 月，国民党特务绑架了丁玲。同月，杨铨收到许多恐吓信和子弹，他对孩子们说："即使我遭不测，你们也会有人照顾的。"牺牲前两天，他去看望宋庆龄，希望她保重。而他自己并不保重，带着十四岁的儿子杨小佛去郊游。复兴社的特务在中央研究院的大门口动手了，杨杏佛身中十余弹，却扑在儿子的身上一动不动……父死，儿子活了下来。

"岂有豪情似旧时，花开花落两由之。何期泪洒江南雨，又为斯民哭健儿。"

血呀，血呀，同志的血，同胞的血。炮火威胁鲁迅的寓所，曾使他几度出走。年初，在内山书店的楼上，大人小孩挤在一间屋，十个人席地而卧，在寒冷中度过了三十六天。大作家失踪了！郁达夫等人在报上登寻人启事，许寿裳到处找他，读者们纷纷询问他的安危。史沫特莱冒着生命危险，驱车冲过日本兵的街头工事，冲进他的寓所寻找他，狂喊他。

日后见面时，她哭了。这位勇敢而美丽的女战士。

鲁迅开玩笑说："用脚逃跑，比用手写作还要忙。"

杂文集一本接一本。《二心集》《伪自由书》《准风月谈》《花边文学》……抨击当局、文坛、世相。日本女作家柳原白莲问鲁迅："那么你讨厌出生在中国吗？"

鲁迅正色道："不，我认为比起任何国家来，还是生在中国好。"

他决定不再躲避，也不搬家，他写道："只要我还活着，就要拿起笔，去回敬他们的手枪。"

他对许寿裳说："我所抨击的是社会上种种黑暗，不是专对国民党，这黑暗的根原，有远在一二千年前的……现在他们不许我开口，好像他们决计要包庇上下几千年一切黑暗了。"

鲁迅指出：北京是明清的帝都，上海乃各国之租界，帝都多官，租界多商，"京派"是官的帮闲；"海派"是商的帮忙。

北京和上海都是鲁迅的主战场，他先后在两地共生活了二十多年。上海九年，他的笔触深入到社会生活的方方面面。林贤治："对于初步形成的商业文化、市民文化，鲁迅是文化人中最早予以关注的一个……作为一个启蒙家，他所注意的是商品经济与传统文化相结合的畸形的精神产物。

"在长达二十年的写作历程中，他的杂文是在不断的腾挪变化中获得丰富的。"

鲁迅，这位伏尔泰式的中国作家。

鲁迅杂文《沙》指出：造成中国"一盘散沙"的，是大大小小的统治者，"他们都是自私自利的沙，可以肥己时就肥己，而且每一粒都是皇帝"。

官僚的弄权，要弄过极限的，三分权要弄到五六分。于是，官场的倾轧成常态。吃亏的，除了落败的官员，更有无数小民。小民逆来顺受习惯了，一旦遇上乱世，连奴隶都做不稳。得过且过，各人自扫门前雪。大家的马儿大家骑。

统治者刮大风，粗沙又变成细沙。

官风是要带动民风的，官风好，民风就好。"治国就是治吏。"

官场龌龊，官商勾结，必定是上梁不正下梁歪。一个个你方唱罢我登场。

鲁迅在北京、在广州、在上海，从来不与高官巨贾交游。拒绝权豪如此彻底，不容商量，不带一丝苟且，在历代大文豪中是绝无仅有的。在鲁迅的词典中，"阔人"是个贬义词。

"鲁迅的骨头是最硬的，他没有丝毫的奴颜和媚骨。"

《语丝》杂志在上海停刊了，鲁迅先前写信："语丝派的人，先前确曾和黑暗战斗，但他们自己一有地位，本身又便变成黑暗了，一声不响，专用小玩意，来抖抖的把守饭碗。"

丢掉战斗性，弄点小玩意，抖抖的把守饭碗，这还不算太糟糕。

可怕的是在原则问题上，公然站到敌对势力一边，抹黑自己的国家。总有些知识分子跳得很高。笔者今日，感慨良多……

20世纪30年代，周作人在北京玩闲适，写自寿诗；林语堂在上海弄闲适，创办《论语》半月刊，宣称："以自我为中心，以闲适为格调。"这个林语堂以文明人自居，说："人到文明了，有什么忧愤，只在笔端或唇角微微一露罢了。"又摆出一副文明人的绅士模样："东家是个普罗，西家是个法西，洒家则看不上这些玩意儿。"血雨腥风中，此人标榜自我中心。

林语堂弄他的小品文未必不好，但是，很不该讽刺普罗大众。他逢人就讲幽默，讲"会心的甜蜜的微笑""引起含蓄思想的笑"，并以此诠释契诃夫的小说。

鲁迅纠正他："笑后总还剩下些什么，——就是问题。"有一次吃饭，林语堂跳起来跟鲁迅吵。

契诃夫动人的微笑，是以大众的苦难做背景的。身体不好的作家有着惊人的意志力，"一面向杯子里大口吐血，一面照样谈笑风生"。在教会学校长大的林语堂，哪里懂得民间苦难的揭示者契诃夫，他也不懂庙堂斗士苏东坡。我倒不否定他的名句："中国人说起苏东坡，就会会心一笑。"需要指出的是：苏东坡首先是敢于抵抗皇帝宰相、捍卫百姓利益的战士，绝不是善于微笑的绅士。苏东坡《再上皇帝书》，大义凛然曰："陛下自去岁以来，所行新政，皆不与治同道……今日之政，小用则小败，大用则大败。"

鲁迅批评小品文："从血泊里寻出闲适来。"

"将屠户的凶残，使大家化为一笑。"

鲁迅写信对曹聚仁说："看近来的《论语》之类，语堂在牛角尖里。"

针对上海小市民迷恋西方影片的"风情、浪漫、香艳（或哀艳）、肉感……"，鲁迅写道："欧美帝国主义者既然用了废枪，使中国战争，纷扰，又用了旧影片使中国人惊异，胡涂……我想，如《电影和资本主义》那样的书，现在是万不可少了！"

十几年前，北京大学中文系的刘东教授在《读书》杂志上撰文，拿好莱坞的卖座影片《泰坦尼克号》开刀，洋洋洒洒近万言，写得相当透彻。

据说美国的教授们很少看好莱坞的东西。

好莱坞电影主要是欲望叙事，看多了，人就一味嫌钱少，朝着四面八方蠢蠢欲动。

影视剧一味撒味精，观众的味蕾就麻木了，就会憋着一股劲，变尽法子去弄钱，去填欲望的无底洞，就会失去"与朴素事物打交道的能力"，从云里雾里的梦工厂跌入现实生活，浑身上下没劲。

美国人的人均能源消耗量高居世界第一。好莱坞输出的价值取向，首先对星球不利。

鲁迅的杂文涉及面非常广，嬉笑怒骂，匕首投枪。一寸短一寸险；一寸长一寸强。他先后用了一百四十多个笔名，在上海，用了八十多个。

伟大的战士是这么迂回战斗的。打一枪换个地方。十八般兵器，般般派上用场。

上海是民族矛盾与阶级矛盾极激烈的地方。鲁迅栖身于强对流张力区。

鲁迅说："阶级斗争，你不承认也可以，事实的教训总比理论的宣传有力！"

鲁迅说："其实革命是并非教人死而是教人活的。"

鲁迅致萧红、萧军："敌人是不足惧的，最可怕的是自己营垒里的蛀虫，许多事都败在他们手里。"

鲁迅致曹白："人生现在实在苦痛，但我们总要战取光明。"

鲁迅说："不要脑子里存着许多旧的残滓，却故意瞒了起来，演戏似的指着自己的鼻子道，'惟我是无产阶级！'"

鲁迅说："奴才做了主人，是决不肯废去'老爷'的称呼的，他的摆架子，恐怕比他的主人还十足，还可笑。这正如上海的工人赚了几文钱，开起小小的工厂来，对付工人反而凶到绝顶一样。"

鲁迅谈梅兰芳："他未经士大夫帮忙时候所做的戏，自然是俗的，甚至于猥下，肮脏，但是泼剌，有生气。待到化为'天女'，高贵了，然而从此死板板，矜持得可怜。"

鲁迅谈无聊情绪："因为无聊是从自己生发的，所以，不大有药可治。"

生命不更新，人就处处碰到无聊。想要克服无聊，却是更无聊……

鲁迅概括现代史：变戏法。诗云："城头变幻大王旗。"

鲁迅评《史记》："史家之绝唱，无韵之《离骚》。"

"度尽劫波兄弟在，相逢一笑泯恩仇。"

鲁迅谈母爱："我以为母爱的伟大真可怕，差不多盲目的……"

鲁迅论悲剧："悲剧将人生的有价值的东西毁灭给人看。"

鲁迅借鉴西方，有著名的"拿来主义"。

鲁迅读书，建议多翻。他说："多翻，就有比较，比较是医治受骗的好方子。"

苏东坡的习惯："不特观一书。"

先有精读，然后可以随便翻翻。诸葛亮读书"观其大略"，陶渊明"好读书不求甚解"。

鲁迅说："必须和实社会接触，使所读的书活起来。"今日青少年，必须学着抓紧大地，然后才有活的书。

鲁迅的断想式的文风有两个源头，一是尼采，二是战场。战场瞬息多变，直觉迎上去。唯有直觉，才能够切入生活的激流。上面的句子我只是随手举例。

鲁迅不是哲学家，哲思却源源不断。本文以哲思去对应他的哲思，并且由他生发开去。

海德格尔："人活着，总会有某种哲思。"

20世纪二三十年代的中国作家，身处炽热地带而八方受力的，而冲锋陷阵的，而迂回作战的，而沉痛到底的，而苦苦寻找光明的，唯有鲁迅。每一天都在战斗，在盘根错节的国民性的深处，在对敌斗争的前沿阵地，在自己人的复杂的营垒中。

鲁迅一支笔，点石能成金。

思想所到之处，生活扑面而来。

在今天看，任何人想要获得思之力、情之力，不读鲁迅是不可思议的。

中小学课本，多选一些鲁迅文章才好。

大约在 2008 年，绍兴柯桥小学的刘发建老师写了一本《亲近鲁迅》，钱理群为之作序。刘老师说："小学鲁迅作品教学沦为鲁迅研究专家们遗忘的角落，基本上处于无序的自然教学状态。"

刘老师建议三点：1. 回到鲁迅；2. 回到儿童；3. 回到语文。

这位语文老师引述学者王富仁的论断："鲁迅作品恰恰是最好懂的，因为鲁迅的作品里，充满了人性的语言，是与人的最内在的感受结合在一起的，这样的内在感受与儿童的感受事物的方式，与一般人感受事物的方式最接近……在现代文学中，像鲁迅这样以人性、童心去感受世界的作家不是太多，而是太少。"

笔者重复一句：对童年的探索，依然是中国作家的短板。

刘发建老师的鲁迅作品教学，获得很大成功，在浙江起了示范作用。

小学教育就是儿童教育，这一点，要成为共识。

取得共识的前提却是追问：什么是童年？

常识丢失在最不应该丢失的地方。

鲁迅先生享受着生活，喝酒，谈天，吃蛋炒饭，尝臭千张（绍兴臭豆腐的薄片），爱"蟹壳黄"烧饼，对燕窝、鱼翅兴趣不大。衣服他是绝对要穿布制的，不喜欢丝绸的光滑。"破的补一大块也一样的穿出来"。不管什么体面场合，破旧衣服穿出来。

胡适总是把自己弄得光鲜，据传徐志摩花七十八美元买一条裤子。周作人且不谈。

《论语·宪问》："士而怀居，不足以为士矣。"知识分子贪图安逸，就不是知识分子。

鲁迅去医院替朋友做翻译，医生以为他是吃翻译饭的；到印刷厂洽谈印务，人家当他是伙计；去外国人的公寓，电梯工不给他开电梯，他只好徒步上九楼；避难时，旅馆一位姓杨的工友，天天围着火炉跟他聊，不知道他是鲁迅。

二十多年来，他挣了不止十万大洋，是一般人收入的几百倍。

许广平《欣慰的纪念》："简单一句，鲁迅的日常生活是平民化的。"

平民化才有平常心，才贴近大地。按一般标准他早就阔了，却毫无阔人的做派。这也不叫定力，鲁迅不需要这类定力。定力是说：要调动意志力。

"有一些人，总说他爱发脾气，爱骂人，据我看来，他是最不爱发脾气，最不爱骂人的。"

"他喜欢吃硬的东西，饭炒起来也是要焦硬些，软绵绵的有些不大爱吃。"

性格，价值取向，是与食物的硬度联系起来的。

"夜间，小孩子睡静了，客人也没有，工作也比较放得下的时候，象突击一下似的，叫一辆车子，我们就会很快地溜到影院里坐下来……有一回，向茅盾先生要求，借他的儿子一下，茅盾先生莫名其妙地答应了，之后说明是请他儿子看电影。"

当时，茅盾的儿子大约十二岁，正病着。鲁迅为别人考虑，心很细的。

"他并不以睡眠而以工作做主体，譬如倦了，倒在床上睡两三小时，衣裳不脱，甚至盖被不用，就这样，象兵士伏在战壕休息一下一样。"

他让许广平多买新衣裳，自己爱穿旧衣，是为了舒服。小时候穿新毛衣被捆得难受。不唯鲁迅如此，一般男人，多有类似感受。男人爱逛商店的毕竟不多，除了商界人士。

鲁迅的珍贵手稿，自己不当一回事。吃饭时，让客人们用来擦手，甚至拿去包油条。这位首屈一指的文学家，书法一流的大书法家，想要他的墨宝的人排着队呢，何况他的手稿。

鲁迅不自恋，不自视为人物。

1975年，萨特对记者说，他身上确实没有自我陶醉的东西。

伟大的人物何以伟大？因他们知道什么是渺小，懂得人在宇宙中永远微不足道。

重温罗素："凡是不明白人在宇宙中所处的渺小位置的人，都不是优秀的人。"

人不懂得渺小，就要狂妄自大。这里的懂，不是道理层面的懂。

关于讲道理，中国人有千年盲区。嘴上的道理一般都不是道理。比如：懒人是看不见勤快人的，懒人懒下去，一百年都看不见勤快人。于是勤快人讲啊讲啊，讲一堆道理，生许多闷气。眉山有句俗话：你说得血泡子来，人家当成咸菜水水。咸菜汁是红的，眉山的小孩子爱吃"红饭"……

有感觉支撑的道理才是道理。

道理层面的懂，乃是不懂的一种变式。

鲁迅强调，要赶紧做。

毛泽东："一万年太久，只争朝夕。"

萧红说鲁迅先生"坐在椅子上翻一翻书就是休息了"。

别人喝着咖啡，鲁迅工作着。吃的是草，挤的是奶。

上海有一家咖啡店打广告"鲁迅郁达夫常来"，而鲁迅未曾去过一次。

大陆新村九号，这才是严格意义上的大师工作室。大师本人，像个苦行僧。

他抽烟太多，太不爱惜自己的身体了。多少爱着他的人劝他少抽，或抽点好烟。朋友送他小听装的好烟，他给朋友备下，自己还是抽便宜的烟；又找借口对景宋夫人说：烟并未吞下去……他事必躬亲，连寄给朋友的书都包得整整齐齐，棱角像刀切过。青年给他的稿件，几万字的，几十万字的，他一个字一个字地看着。字迹太潦草，也使他生气。生完了气还是埋头细看。多年来他累，从来不说累；写给各地青年的信，多达三千五百封。

鲁迅先生在上海，没逛过一个公园。没时间。生命的强度，流布于日常。

生命是要讲强度的，生存要讲密度。有些人的一秒钟，胜过常人的一分钟。

尼采宣称在更高中保持高度。换言之：在更强中保持强度。

我给苏东坡起了一个外号："活不够"。

生命不断更新的人，活几百年都活不够。"大海啊，永远在重新开始。"法国诗人瓦莱里《海滨墓园》中的这一句，我引用了若干次。因为这首长诗，诗人获诺贝尔文学奖。

1933 年前后，瞿秋白与鲁迅为邻。他先在鲁迅家住了近一个月，其后搬到不远的东照里。萨特尝言："男人的友谊以世界为背景。"鲁迅的朋友很多，他只写给瞿秋白一对条幅："人生得一知己足矣，斯世当以同怀视之。"瞿秋白迁新居，立刻把条幅挂在墙上。他评价鲁迅的一句话被广泛引用：鲁迅是"野兽的奶汁所喂养大的"。

二人相知如此，首先是价值观一致，其次是趣味相投。

中国民权保障同盟中央委员会，有若干分会，北平分会的会长是胡适。胡适站在当局一边，宣称北平"反省院"监狱没有受苦刑的囚犯，最大的苦痛，也只是脚上戴锁及营养不足。

胡适说："向政府要求革命的自由权，岂不是与虎谋皮？谋虎皮的人，应该准备被虎咬，这是作政治运动的人自身应该的责任。"汪精卫欣赏胡适，请胡适当教育部长。

胡适说，国民党当局"有权去对付那些威胁它本身生存的行为"。

这个所谓自由主义知识分子，永远站在强权一边，却玩人格独立的把戏。

中国民权保障同盟在上海总部开会，决定开除胡适。鲁迅参加了会议。他写杂文《"光明所到……"》，把胡适比作《红楼梦》中焦大式的奴才。瞿秋白写诗讽刺胡适："人权王道两翻新，为感君恩奏圣明。虐政何妨援律例，杀人如草不闻声。"

眼下的影视剧，对胡适形象的把握是有问题的。他标榜自由，却做日本帝国主义的军师。

胡适并不爱传统文化，传统文化是他的饭碗、跳板和口红。他总是偷眼权贵。据说后来他在台湾声嘶力竭，拼命鼓吹全盘西化，四十分钟全讲英语，讲完了就一命归西。这是天惩。

瞿秋白编《鲁迅杂感选集》，写了一万多字的序。

他手头紧，却给海婴买了一套非常昂贵的外国玩具，他说："留个纪念，让孩子大起来也知道有个何先生！"他的笔名叫何苦。革命家吉凶难卜。瞿秋白在上海避难，隐姓埋名。

两家人处得十分融洽。瞿秋白搬走，鲁迅不放心，嘱咐："明天设法告诉我一声，免得担心。"瞿秋白不禁心头一热。搬走的当天，瞿秋白托人给鲁迅送来火腿爪。

针对上海等地的帮闲文人，他写诗："不向刀丛向舞楼，摩登风气遍神州。"

英国剧作家萧伯纳来上海，鲁迅到宋庆龄家里去陪他吃午餐。蔡元培、史沫特莱等在座。萧对鲁迅说："他们称你是中国的高尔基，但是你比高尔基漂亮！"

鲁迅笑道："我变老时，将来还会更漂亮。"

接下来的两场活动，上海的文艺家、交际花、电影明星百余人围住萧伯纳，问各种问题。

萧伯纳一向强烈谴责帝国主义，抨击英国的上流社会，撕破绅士的假面，与底层亲近。他赞美苏联。鲁迅见他的当天夜里，和瞿秋白共同酝酿编一本《萧伯纳在上海》。

1934年1月，瞿秋白前往中央革命根据地。鲁迅依依惜别。后来，他听到瞿秋白被捕的消息，多方营救，一日数惊。他病了。《人间鲁迅》："瞿秋白在三楼住过的房间，条桌，雪白的桌布，桌面削好了的铅笔，毛笔，墨盒，信封，拍纸簿，桌前的靠椅，单人床，一切布置依旧。他不愿挪动任何一件小器物……"

学生遇难，朋友不幸，鲁迅先生要生病的。何况是瞿秋白，他的平生知己。

次年6月18日，瞿秋白从容就义，临死，面不改色。南京的戴季陶力主杀他。

鲁迅着手编亡友的译文集《海上述林》。六十万字，分上下卷。鲁迅设计封面，插图，购纸张，拟广告。"一百部皮脊麻布面，四百部蓝天鹅绒面，装帧和印刷质量是中国第一流的。"大热天，鲁迅一遍遍地看清样。他说："一个人如果还有友情，那么，收存亡友的遗文真如捏着一团火，常要觉得寝食不安，给它企图流布的。"

夜深人静，他望着窗外，一支接一支抽烟……

谁能掂量鲁迅的心？

1936 年 5 月，《海上述林》上卷问世，鲁迅笑着对许广平说："这一本书，中国没有这么讲究的出过。"9 月他病重，让许广平替他校稿，跑印刷厂。10 月，下卷出版。

1936 年 10 月 19 日，这个日子，当年的日历本要纪念的。

纪念一百年来，中国最杰出的作家鲁迅。

鲁迅致力于翻译外国文学作品，在上海办《译文》杂志，出《译文丛书》，与黄源、巴金、郑振铎、邹韬奋等人合作。鲁迅注重东欧和巴尔干小国的作品，注重那些被压迫的国家与民族。这种明确的努力方向，译界是没有的。关注底层，关注弱国，二者是相通的。正如他看中国历史，对野史、对民间的声音更感兴趣。

《死魂灵》的译笔，完全是鲁迅式的，句子不长，幽默只在不经意处。鲁迅的文笔，显然有早年读古典文学的童子功，尽管他不大乐意承认。他的句子，平均长度七八个字，小说中只有《伤逝》有欧化的倾向。他的杂文比之小说，短句更多。

作为中国新文化运动的主将，鲁迅的文风却得益于古代作品。

到 20 世纪后期，作家们的句子越写越长。长而有力，非有极强的文字功底不可，一般作家是做不到的。文字是由文字之外的东西来决定的。"汝果欲学诗，工夫在诗外。"

汉语艺术的韵味，是节奏感，是意象的跳跃，是言外之意，是一个字当三个字用。

鲁迅文字的受力，更是在狂风暴雨中。狂风一吹三十年……

作家的句子，平均长度超过十二三个字，问题就多了。

汉译学术名著，长句子也不耐读。

国内的人物传记，长句子更不耐读。那些资料加观点的程式化表达，那些文字平均化的温暾水表达，难以卒读。

作家、学者的长句子，不知道是否与他们懂外语有关。

而一百多年来，汉译文学作品与学术著作，恐怕不下一万种，作家还有必要学外语读原著吗？这个我是存疑的。毕竟学外语，要花掉太多精力。学多了，下笔又欧化，思维方式难以本土化。学来学去，成了鲁迅嘲笑的"假洋鬼子"。

中国的大多数行业，并不需要英语。日常生活更不需要。人生苦短，何必浪费生命。

更重要的是：中小学生的英语分数占比，一定要降下来。

母语和外国语，不可等量齐观。

1994年，我买了大江健三郎的作品，很兴奋，因为这个日本作家刚获诺贝尔文学奖。兴奋中阅读，分分钟失望。我沮丧地发现：经典向速度低头了，经典向利润大折其腰。十年磨一剑的作品，三个月就要翻译出来。出版社竞争市场，抢速度。利润在吃掉文化。此后我又买过几本译作，上过类似的当，终于下决心不再看新翻译的小说了。当年，萧乾夫妇译《尤利西斯》用了四年。汝龙译契诃夫，鹿金译海明威，冯至译莎士比亚十四行诗……

文学翻译死掉了吗？

　　20 世纪 30 年代中期，鲁迅与左翼作家联盟的几个领导人产生了分歧。事情颇复杂。作家进入团体，一般都会面临这样那样的分歧，何况是特立独行的鲁迅。他不满周扬、夏衍、田汉，厌恶徐懋庸。他写信对胡风说："我本是常常出门的，不过近来知道了我们的元帅深居简出，只令别人出外奔跑，所以我也不如只在家里坐了。记得托尔斯泰的什么小说说过，小兵打仗，是不想到危险的，但一看见大将面前防弹的铁板，却就也想到了自己，心跳得不敢上前了。但如元帅以为生命价值，彼此不同，那我也无话可说，只好被打军棍。"

　　《人间鲁迅》："这里的'元帅'，就是指周扬……周扬不但自己不做事，还指责别人不做事。令他特别生气的，就是指责他'懒'，'不写文章'。"

　　鲁迅埋怨："总觉得缚了一条铁索，有一个工头在背后用鞭子打我，无论我怎样起劲的做，也是打……"

　　他写信给萧军、萧红："敌人不足惧，最令人寒心而且灰心的，是友军中的从背后来的暗箭；受伤之后，同一营垒中的快意的笑脸。因此，倘受了伤，就得躲入深林，自己舐干，扎好，给谁也不知道。"

　　鲁迅先生要生气的，于是，他反复受伤。

　　"运交华盖欲何求，未敢翻身已碰头。破帽遮颜过闹市，漏船载酒泛中流……躲进小楼成一统，管它冬夏与春秋。"他写诗送许寿裳，首联曰："曾惊秋肃临天下，敢遣春温上笔端。"

　　旧体诗写得真好，尽管他说过："我以为一切好诗，到唐已被做完。"

　　文坛的风风雨雨、是是非非，文豪鲁迅是躲不过的。文坛又牵涉严峻的政治现实。

　　茅盾写文章批评周扬，周扬火冒三丈，叫了沙汀、周立波等青年作家，一起拿了棍子，要到茅盾家去把茅盾揍一顿，被夏衍遇见了，加以阻止……

　　徐懋庸写长信给鲁迅，劈头就说："在目前，我总觉得先生最近半年来的言行，是无意地助长着恶劣的倾向的。"后面又说："我觉得不看事而只看人，是最近半年来先生的错误的根由。先生的看人又看得不准。"

　　《人间鲁迅》："就在鲁迅收信的当天，冯雪峰来看他。他余怒未息，一边把信递给冯雪峰，一边说：'真的打上门来了！他们明明知道我有病，这不是挑战是什么呢？过一两天我来答复！'"徐懋庸的身后有一群人。

　　鲁迅写万字长文——《答徐懋庸并关于抗日统一战线问题》，这在他的论战文章中是最长的，有兴趣的读者不妨看看，也了解一下相关背景。文章在上海、北平、东京的文化界引起强烈反响。长文有这么一段："去年的有一天，一位名人约我谈话了，到得那里，却见驶来了一辆汽车，从中跳出四条汉子：田汉、周起应，还有另两个，一律洋服，态度轩昂……"周起应即周扬，当时很年轻。

　　郭沫若撰对联称："鲁迅将徐懋庸格杀勿论，弄得怨声载道；茅盾向周起应请求自由，未免呼吁失门。"郭沫若又发表文章，

《鲁老头子笔尖儿横扫五千人，但可惜还不能自圆其说》《梅雨以大义责鲁迅》等，连篇攻击。此前他打出"国防文学"的旗号，试图一统文坛，而鲁迅认同"民族革命战争的大众文学"。

内部矛盾也是相当尖锐。论战远远超出了文学。

鲁迅写道："拒绝友军之生力的，暗暗的谋杀抗日的力量的，是你们自己的这种比'白衣秀士'王伦还要狭小的气魄。"他写信对王冶秋说："如徐懋庸，他横暴到忘其所以，竟用'实际解决'来恐吓我了，则对于别的青年，可想而知。他们自有一伙，狼狈为奸，把持着文学界，弄得乌烟瘴气。我病倘稍愈，还要给以暴露的。"

鲁迅在长文中愤然道："首先应该扫荡的，倒是拉大旗作为虎皮，包着自己，去吓呼别人；小不如意，就倚势（！）定人罪名，而且重得可怕的横暴者。"

又致信友人："有些手执皮鞭，乱打苦工的背脊，自以为在革命的大人物，我深恶之，他其〔实〕是取了工头的立场而已。"

鲁迅在病中。这是 1936 年。

他致信翻译家曹靖华："近十年来，为文艺的事，实已用去不少精力，而结果是受伤。认真一点，略有信用，就大家来打击……我真觉得不是巧人，在中国是很难存活的。"

巧人、两可人、圆滑之人、点头哈腰之辈，繁殖力强，分布面广，却使族群长期平庸。

20 世纪 30 年代，有一些文化人是阶段性恶劣，以一生看，总体是好的。

鲁迅八方受力，四面受敌。时代是血腥的，文坛是诡异的。历史又充满毒素……鲁迅变身为十个鲁迅也难以做到游刃有余。他的身体本不好，超人般的强力意志支撑着他。

萧红是生长在东北呼兰河畔的姑娘，有一张圆圆的可爱的脸。文字好，画画有天赋。她一生下来就遭到父亲歧视，九岁丧母，祖父疼爱她。二十岁她逃婚出走，流浪在哈尔滨街头。她遇到一个甜言蜜语的阔少，以为有了爱情，阔少纵欲了一阵子突然消失，留给她旅店的账单。困顿中，她给杂志投稿，后来萧军来看她，把她救出旅馆。她开始写小说，写底层的苦难与挣扎。《生死场》是她的代表作。萧军写《八月的乡村》，写失去天空和土地的东北人民。

二萧流亡到关内。他们对自己的写作并无把握，凭着两腔黑土地血性，斗胆写信给文坛泰斗鲁迅。

鲁迅先生迅速回信："一、不必问现在要什么，只要问自己能做什么。现在需要的是斗争的文学，如果作者是一个斗争者，那么，无论他写什么，写出来的东西一定是斗争的。就是写咖啡馆跳舞场罢，少爷们和革命者的作品，也决不会一样。

"二、我可以看一看的，但恐怕没工夫和本领来批评，稿可寄'上海、北四川路底、内山书店转、周豫才收'，最好是挂号，以免遗失。"

二萧读信，狂喜不已。

顺便提一句，眼下的抗日剧、谍战剧，油头粉面的少爷小姐太多了，豪宅豪车博眼球。电影叙事正在省略劳苦大众的面孔。而中国之有今天，靠的是劳动人民……

二萧从青岛坐邮轮到了上海，迫不及待拜见鲁迅。在内山书店，鲁迅出现了，带他们去附近的一家咖啡馆。《人间鲁迅》中写道："萧军和萧红默默地跟在后面。寒风里，没有帽子，没有围巾；袍子，裤子，网球鞋，几乎全作深黑色。"十多年前，初到北京女师大授课的鲁迅，也是一身黑。

这位穿过中国黑夜的作家。

他们在咖啡馆聊着，气氛很亲切。萧军含着泪，萧红差一点哭起来。

景宋夫人和小海婴也来了。临别时，鲁迅交给萧军一个信封，里边有二十块钱。二萧连车钱都没有，鲁迅又掏出铜板……约半个月以后，鲁迅请二萧赴宴。

萧红看邀请赴宴的短简，双泪长流。

梁园豫菜馆里，九个人聚餐，茅盾、叶紫、聂绀弩等，有两个位置空着，是留给胡风和梅志夫妇的。宴会结束后，二萧在冬日的街道上一路小跑，蹦跳。这是 1934 年的 12 月。

叶紫的短篇小说集《丰收》，鲁迅作序，与《八月的乡村》《生死场》一并收入《奴隶丛书》。鲁迅解释，奴隶和奴才不同，奴隶造反，奴才是不会造反的。鲁迅为《八月的乡村》作序，为《生死场》作序，为白莽《孩儿塔》作序……

鲁迅指出，关于东三省被占的事实，《八月的乡村》是一部很好的小说。序言几次提到胡适的话："要征服中国民族，必须征服中国民族的心。"鲁迅称赞《八月的乡村》对于"心的征服"是有碍的，矛头直指胡适。奴隶们在奋起反抗。

黄乔生《鲁迅年谱》："并以南宋小朝廷讽喻国民党政府的腐败，揭露反动文人为日本帝国主义者'征服中国民族的心'献策。"

鲁迅写道："一方面是庄严的工作，另一方面却是荒淫与无耻！"

值得注意的是，此间鲁迅编选《中国新文学大系》，收入了陈源夫人凌叔华的作品，《人间鲁迅》："她以谨慎的文风，创造了与众不同的人物，从而显示了世态的一角，高门巨族的精魂。"

大作家的大，首先是大的视野，其次是大的胸怀，大的学问，大的关切，大的疼痛。

凌叔华是出了名的漂亮女作家，被认为比林徽因更具韵味。徐志摩像患了失心风一样追过她，她冷面以对。

萧红常去大陆新村九号鲁迅先生的家。三层小楼，底层有明亮的会客室。鲁迅住二楼。写字台靠着南窗，有冯雪峰送的台灯，白瓷的烟灰盒，小砚台，乌龟笔架。作家下半夜开始写作。林贤治说："这里，是他与整个世界对抗的地方。"

白天，客人们不断。鲁迅是一直微笑着的鲁迅，谈锋甚健的鲁迅，砸煤包书的鲁迅，追逐小孩的鲁迅，替客人们布菜斟酒的鲁迅。夜幕降临了，夜半了，鲁迅先生的表情渐渐起了变化。久经沙场的战士进入了临战状态。对作家来说，写作就是燃烧。黑夜被火光照亮，黑夜又吞掉火光。这是一场三十年的黑与光的拉锯战。

思想是紧凑的，文字是放松的。这就是鲁迅。激烈与平和共属一体。

写作，乃是思绪和情绪的双重燃烧。

唯有精神的强大者，才有更多的精神记忆。好作家都是强大者。

天欲晓，人睡觉。鲁迅先生的睡眠时间是不多的。

萧红敲开门，蹦蹦跳跳地来，扎着小辫子，换了新衣裳新裙子。有一段时间她天天来，一待一整天。过了几个月了，萧红穿过什么裙子、什么靴子，鲁迅还记着。

萧红问："周先生，我的衣裳漂亮不漂亮？"

鲁迅说："不大漂亮。"

他点评："你的裙子配的颜色不对，并不是红上衣不好看，各种颜色都是好看的……"

一天下午，他正在校对瞿秋白的《海上述林》，听见那活泼的足音，转过身说："好久不见，好久不见。"

萧红怔住了，昨天不是才见过吗？还有前天……

她建议吃什么菜，鲁迅先生都同意。她能走进先生的工作室。她的声音、足音都是撒着娇的，做小姑娘的时候她是个苦孩子，长大了她更苦。

苦孩子，苦姑娘。

在上海的一年半，萧红是幸福的。尽管她和萧军分了手。

鲁迅写信给她，称她"悄吟太太"，又当面叫她"小耗子"。小海婴跟着叫，跑去捉她的小辫子，楼上楼下捉迷藏。吃饭，赴宴，坐汽车，看电影，萧红融入了大陆新村的这个家。温暖的家。

鲁迅的童心，萧红的童心……童心和童心很容易就靠拢了。

鲁迅经常看一幅小画：一个穿长裙子的披头散发的女人在大风中跑。

为何总看这幅画呢？萧红问许广平，许广平说，她也不知道。

鲁迅的手边有三幅木刻，都是女性题材，其中一幅《入浴》，一个丰臀女人正低头沐浴。丰臀一半在水中，一半在水上。另一幅《夏娃与蛇》，一条衔苹果的蛇游向目光迷离的夏娃。英国画家比亚兹莱的作品，充满了生命的原欲，也带了病态美。

病中的鲁迅想回到生命的源头吗？他一向对弗洛伊德反应激烈，回避内心深处的某些东西。那些东西埋得太深了。

1936 年的夏天，萧红将赴东京，向鲁迅辞行。鲁迅设宴饯别，席间对她说："每到码头，就有验病的上来，不要怕。"萧红笑着点头，笑出眼泪来了。可是到了秋天，到了秋天……

埃德加·斯诺问鲁迅："既然国民党已经进行了第二次革命，难道你还会认为阿 Q 跟从前一样多吗？"

鲁迅笑道："更坏，他们现在管理着国家呢。"

中国工农红军长征胜利后，鲁迅委托冯雪峰，赠送两本《海上述林》给毛泽东、周恩来。

他想写红军长征的小说。他十分珍爱《铁流》。他憧憬中国革命的滚滚洪流。

毛泽东晚年说："我和鲁迅的心是相通的。"

鲁迅："我们从古以来，就有埋头苦干的人，有拼命硬干的人，有为民请命的人，有舍身求法的人，……虽是等于为帝王将相作家谱的所谓'正史'，也往往掩不住他们的光耀，这就是中国的脊梁。

"这一类的人们，就是现在也何尝少呢？他们有确信，不自欺；他们在前仆后继的战斗，不过一面总在被摧残，被抹杀，消灭于黑暗中，不能为大家所知道罢了……

"自信力的有无，状元宰相的文章是不足为据的，要自己去看地底下。"

地底下有亿万民众。

鲁迅回答日本友人的提问："我认为，两国的'亲善'，要在中国的军备到达日本的水准时才会成为可能。但是，谁也不能担保要经过多少年才行。譬如一个懦弱的孩子和一个强横的孩子在一起，一定会吵起来，然而要是懦弱的孩子也长大强壮起来，就会不但不吵闹，反而会很友好地玩了。"

鲁迅焦灼地等待着自己的祖国强壮起来。

他说："创作总根于爱。"

"人类最好是彼此不隔膜，相关心。"

几千年来，人类有良知的智者们说着类似的话。

鲁迅先生写信给母亲："男所生的病，报上虽说是神经衰弱，其实不是，而是肺病，且已经生了二三十年，被八道湾赶出后的一回，和章士钊闹后的一回，躺倒过的，就都是这病，但那时年富力强，不久医好了。男自己也不喜欢多讲，令人担心，所以很少人知道。初到上海后，也发过一回，今年是第四回……"写信的日期是 1936 年 9 月 3 日。

鲁迅自知难起，所以给母亲写了这封信。提到八道湾，不提周作人。"被八道湾赶出"六个字，道出他的生前沉痛。

初，上海最好的医生之一邓恩，由史沫特莱请来，诊断后对她说："鲁迅恐怕过不了今年。"

她一听就哭了。邓恩医师又说："如果是欧洲人，五年前就死了。"

大家紧急商议，要让鲁迅入院治疗或易地养病，鲁迅生气了，说："当别的人正在斗争，吃苦，死，而你们却要我在床上安安静静地躺上一年，对吗？"

坚强的史沫特莱又哭了。《人间鲁迅》："她知道，要打动这样一个钢铁般的汉子，她已经无能为力。"

鲁迅感叹："她实在太感情了，感情对于病人，其实是不好的。"

宋庆龄在病榻上写信："我恳求你立即进医院去医治！因为你迟延一天，你的生命便增加一天的危险！你的生命并不是你个人的，而是属于中国和中国革命的！！……宋庆龄六月五日"

从一个惊叹号到两个惊叹号。当时，鲁迅的病似乎有些起色。

强者自视为弱者，是老子、庄子的一大特点。鲁迅更像墨子。关于庄子、墨子，可见于拙作《品中国文人·圣贤传》。

伟人的孩脾气，让多少人为他流泪。

庄子深度生存，却能够瞬间转向。这是一个谜。今天他活成一棵树，明天他变成了一股风；看透一切又在乎一切，这个生存境界委实太高了，百亿分之一。他不去楚国当宰相，辞掉漆园吏，长居陋巷几十年，与百工相善，与畸人为伍，低沸点的欣悦宛如婴幼儿。嗬！

而我印象中的老子比庄子还厉害，他抵达了"无"，他洞察了"不"，他在历史的进程之外指点着历史。老子在云端，永远指点人类的生活。换言之：人类永远需要他的指点。

老子、庄子、孔子、孟子、墨子，皆长寿。近现代的西方哲学家们大抵长寿。

鲁迅先生越来越瘦了，一度中断了写日记。稍有好转，他写《女吊》，称女吊比别的一切鬼魂更美、更强，就因为她是带复仇性的。绍兴的童养媳受不了恶婆婆，不乏上吊的。

鲁迅说："会稽乃报仇雪耻之乡，非藏垢纳污之地！"

他写《半夏小集》《"这也是生活"》《三月的租界》《写于深夜里》《关于太炎先生二三事》《我的第一个师父》《立此存照》；翻译《死魂灵》，校《海上述林》下卷……

他写道:"我每当朋友或学生的死,倘不知时日,不知地点,不知死法,总比知道的更悲哀和不安;由此推想那一边,在暗室中毕命于几个屠夫的手里,也一定比当众而死的更寂寞……我先前读但丁的《神曲》,到《地狱篇》,就惊异于这作者设想的残酷,但到现在,阅历加多,才知道他还是仁厚的了:他还没有想出一个现在已极平常的惨苦到谁也看不见的地狱来。"

鲁迅是记仇的。血债要用血来偿。

鲁迅抱病为殷夫的诗集《孩儿塔》作序:"这是东方的微光,是林中的响箭,是冬末的萌芽,是进军的第一步,是对于前驱者的爱的大纛,也是对于摧残者的憎的丰碑。"

憎恨,仇恨,一切都根植于爱。

然而,恶之花到处开。

西方人总结他们的历史:"魔鬼比上帝还要原始。"

牢牢记住这句话吧。

第一次世界大战结束,有"巴黎和会";第二次世界大战结束,有《雅尔塔协定》……

鲁迅写下《死》,等于他的遗嘱。七条,大意是:一、不得因为丧事,收任何人的一文钱,但老朋友例外;二、赶快收殓,埋掉,拉倒;三、不做任何纪念;四、忘记我,管自己生活;五、孩子长大,倘无才能,可寻点小事情过活,万不可去做空头文学家或美术家;六、别人应许给你的事物,不可当真;七、主张宽容的人,万勿与他接近。

这篇文章有一句："一个都不宽恕。"

事实上他宽恕了很多人，但在原则问题上寸步不让。

人间一切邪恶，他永远横眉冷对。

10月，鲁迅的病情好转，他对冯雪峰笑道："总还有十年罢。"1927年他大病过一次。

10月8日，他到八仙桥，参观"中华全国木刻第二回流动展览会"，与曹白、陈烟桥等青年座谈，谈了三个多小时。15日，从青岛回上海的萧军来看他，谈孔夫子。17日，鲁迅和胡风到一个日本友人的住所，谈《鲁迅杂感选集》的翻译……

萧红这样写："一九三六年三月里鲁迅先生病了，靠在二楼的躺椅上，心脏跳动得比平日厉害，脸色微灰了一点……'鲁迅先生必得休息的。'须藤医生这样说的。可是鲁迅先生从此不但没有休息，并且脑子里所想的更多了，要做的事情都像非立刻做不可，校《海上述林》的校样，印珂勒惠支的画，翻译《死魂灵》下部，刚好了，这些就都一起开始了……鲁迅先生知道自己的健康不成了，工作的时间没有几年了，死了是不要紧的，只要留给人类更多，鲁迅先生就是这样。不久书桌上德文字典和日文字典都摆起来了……"

拿什么做比方呢？普罗米修斯偷给人间以火光。

鲁迅的一生，是"肩住了黑暗的闸门，放他们（青年们）到宽阔光明的地方去"。

先生的犟脾气，真叫热爱着他的人毫无办法。他甚至不听医生的再三叮嘱，不喝牛奶。许广平对萧红说："周先生人强，喜欢吃硬的，油炸的，就是吃饭也喜欢吃硬饭。"

先生硬到骨髓里去了。

萧红这样写："楼下又来了客人。来的人总要问：

"'周先生好一点吗？'

"许先生照常说：'还是那样子。'

"但今天说了眼泪就又流了满脸。一边拿起杯子来给客人倒茶，一边用左手拿着手帕按着鼻子。

"客人问：'周先生又不大好吗？'

"许先生说：'没有的，是我心窄。'……"

鲁迅曾写诗："十年携手共艰危，以沫相濡亦可哀。聊借画图怡倦眼，此中甘苦两心知。"

萧红的《回忆鲁迅先生》写于1939年的10月，鲁迅逝世三周年。三万字一气呵成，写日常的鲁迅、工作的鲁迅、病着的鲁迅。深情、节制，委婉、奔放。她是一口气叫了一百多次鲁迅先生，并无一丝一毫的重复感。她用汉语艺术向我们标示，什么叫情力。

这是怀念文字的巅峰之作。现在列为全国的中学生读本，真好。

萧红死于抗战期间，孤苦伶仃地死在香港，年仅三十二岁。临死前她写下："不甘，不甘！"后来戴望舒写《萧红墓畔口占》："走六小时寂寞的长途，到你头边放一束红山茶，我等待着，长夜漫漫，你却卧听着海涛闲话。"

这首短诗，也被誉为现代怀念诗中之绝唱。

能怀念别人的人，亦能受到别人的怀念。

人，是能够怀念的。这是文明的结晶，也是任何时代的道德底线。如果人对亡人的思念动态性地变薄、缩短，那么，人这个物种就没有多大意思了。

1939 年的萧红，不忍心写鲁迅先生的死，她这样写："这一次鲁迅先生好了……鲁迅先生以为自己好了，别人也以为鲁迅先生好了。

"准备冬天要庆祝鲁迅先生工作三十年。

"又过了三个月。

"一九三六年十月十七日，鲁迅先生病又发了，又是气喘。

"十七日，一夜未眠。

"十八日，终日喘着。

"十九日，夜的下半夜，人衰弱到极点了。天将发白时，鲁迅先生就像他平日一样，工作完了，他休息了。"

鲁迅先生治丧委员会成员中，出现了一个名字：毛泽东。冯雪峰加上这个名字。这是两人的交集。

毛泽东对鲁迅的评价，时至今日仍然广为流传："鲁迅的方向，就是中华民族新文化的方向。"

追悼鲁迅的仪式在上海万国殡仪馆举行。请看巴金《一点不能忘却的记忆》："朋友，你要我告诉你一些关于那个老人的最后的事……我从没有象这样地被感动过。灵堂中静静地躺着那个老人，每天从早到晚，许许多多的人，一个一个地或者五六个人一排地到这里来向着他致最深的敬礼。我站在旁边，我的眼睛把这一切全都看了进去。

"一个秃顶的老人刚走进来站了一下，忽然埋下头低声啜泣了。另一个十三四岁的女孩子已经走出了灵堂，却还把头伸进帷幔里面来，红着眼圈哀求道：'让我再看一下吧，这是最后的一次了。'

"……我的眼睛也不会被欺骗的。我看见了穿着粗布短衫的劳动者，我看见了抱着课本的男女学生，我也看见了绿衣的邮差，黄衣的童子军，还有小商人，小店员以及国籍不同，阶级不同，职业不同，信仰不同的各种各类的人。……这一切的人都是被这一颗心从远近的地方牵引到这里来的……"

巴金先生的文章，写于鲁迅逝世的当月。

灵堂中，葬礼上，有个身材高大的东北汉子"像一头雄狮似的冲来冲去"，他撕心裂肺的哭喊声在许多人心中激荡了几十年，他的名字叫萧军。

宋庆龄不停地擦泪，许广平一直在哭，蔡元培、许寿裳、冯雪峰、沈钧儒、茅盾、周建人、史沫特莱、内山完造……

先生的遗体上覆盖着三个大字：民族魂。

22日出殡，上万人齐唱挽歌："他是我们民族的灵魂，他是新时代的号声，唤起大众来争生存……"

胡风、巴金、张天翼等七八个人抬着棺木。

有人喊："现在需要扛挽联的一百六十人！"顷刻间，数百人拥过去。

下午四点，葬礼开始了。蔡元培做了简短的发言。

章乃器说："鲁迅先生所以伟大，是在于他的笔肯为全世界被压迫大众讲话，肯为特别被压迫最厉害的中国民众讲话。"

邹韬奋讲话以后，萧军几乎是冲上台，挥舞着手臂大声说："鲁迅先生的死是他的敌人逼死的……现在他已经死了，可是，难道他的敌人就胜利了吗？"

人们呼喊："他的敌人绝对不会胜利！"

请看许寿裳的悼亡诗："身后万民同雪涕，生前孤剑独冲锋。丹心浩气终黄土，长夜凭谁叩晓钟。"

20世纪的中国，鲁迅的葬礼是最隆重也最感人的葬礼之一。使人想到法国的雨果、萨特的葬礼。法国人对雨果的崇敬，远远超过那位只不过拥有让人死掉的聪明的拿破仑（罗素语）。今日法兰西，要有反思。政客们不要搬起石头砸自己的脚。

鲁迅先生永在当下。一种永在当下的精神是什么样的精神呢？

他巨大的精神感召力影响了几代中国知识分子，不管是学人文的还是学理工的。他是中国现代史上最大的文化符号。他被称为20世纪中国人的精神导师。无论是走向他的人，还是背离他的人，甚至诋毁他的人、"解构"他的人，都在他的光照之下。

我记得当年德里达去世，法国总统希拉克盛赞德里达不断地质疑人类文明的进程。

西方国家有质疑文明进程的传统。而鲁迅，质疑着中国的几千年文明。没人像他这样解剖国民性。是作为思想家的鲁迅，决定了作为文学家的鲁迅。

鲁迅式的质疑是开放式的，他欢迎一切对他本人的有价值的质疑。思想本身就具有冒险的性质，思想之路乃是幽暗的林中路。

运思有两个运动方向：一是追求真理；二是看破谎言，看到生活中形形色色的遮蔽。

鲁迅二者兼具。他给我们留下极其丰富的精神遗产，全集十六卷，译著与全集相加近八百万字。以质量来衡量他的生命长度，堪比一千年。

在中国，有资格出全集的作家是不多的。

鲁迅的反传统具有针对性。过于漫长的封建社会，其惯性、其流布于社会生活的各个角落的不易觉察的毒素，须睁大眼睛，须以身试毒，须以毒攻毒。他批判封建权力运行的极端化，全力以赴使固化的文明疏松，打破旧秩序，"解构"四千年历史。这是什么样的伟业！

鲁迅反传统又归属于传统。笔者揣测：这可能类似针对一种事物运动的反运动，运动与反运动共属一体。这种辩证思维，在西方哲学家中常见。

眼下不少学者谈论五四运动的偏颇：打倒"孔家店"打过头了。我倒是觉得，与封建权力运行结合得如此之紧的孔孟之道，打破也必要，不破不立。

　　鲁迅的朋友曾把他比作屈原、杜甫，他先是虚逊，又不好意思地接受了，认为自己像杜甫。这是批判者对中国传统文化的重新接受。

　　鲁迅在今天的意义，依我看有两点：1. 他对坚实个体的渴望；2. 他对民族复兴的渴望。

　　这里略做阐释：漫长的封建社会把人变成沙，人要成为个体不易；而先于个体壮大的，是民族的强大。

　　今日之世界，力与力的对比是至关重要的。

　　"心事浩茫连广宇，于无声处听惊雷。"

后　记

　　写这本鲁迅传记用了一百多天，其间，发给几个朋友看。多谢他们的挑剔。

　　天大热很久了。出空调房就像进蒸笼，我走在眉山街上，想着全球冰川。1992以来，中国西部冰川急剧融化，有中国科学院的考察数据。我小时候听天气预报，眉山夏天的温度从未超过三十二摄氏度。一把扇子轻摇，夏天就过去了，冬天，家乡的冬水田是要结冰的。现在峨眉山的半山也不大看见雪了。乞力马扎罗山、阿尔卑斯山、珠穆朗玛峰，数十年，雪线不断上移。

　　但愿德国、英国的科学家们是过于悲观了。我们的行星作为人类之家园，她的承受力，不是我们这些渺小者所能判断的。但愿吧！

　　思想的特征是它的连续性，不间断地思考相同之物，思想才能展开它的广袤、它的后移的地平线。深度决定广度。然而思考者也是"角落站立者"，不可能拥有全知视角。

哲思长一寸，文学长三尺。这是经验之谈。

后记就这样吧。非常感谢本书的策划、编辑，非常感谢眉山挑剔我的亲友们。

刘小川

2022 年 7 月 18 日，眉山之忘言斋

补录一

鲁迅年谱

1881 年，一岁

9 月 25 日，农历八月初三，生于浙江绍兴城内东昌坊口。姓周，本名樟寿，初字豫山，后改字豫才，改名为树人。

1887 年，七岁

入家塾读书，从堂房叔祖玉田先生初学《鉴略》。

1892 年，十二岁

入三味书屋读书，师从寿镜吾先生。

1893 年，十三岁

于北京做官的祖父周福清因事入狱，家道中落。

1896 年，十六岁

10 月 12 日，农历九月初六，父亲周凤仪去世，终年三十七岁。

1898 年，十八岁

5 月，赴南京，考入江南水师学堂。

10 月，由江南水师学堂转入矿路学堂。

1901 年，二十一岁

阅读严复译述的《天演论》等作品。

1902 年，二十二岁

1 月，从矿路学堂毕业。

3 月，由两江总督批准赴日本留学，就读于东京弘文学院。

1903 年，二十三岁

为杂志《浙江潮》撰文；翻译法国作家儒勒·凡尔纳长篇小说《月界旅行》（现译名《从地球到月球》）。

1904 年，二十四岁

7 月 13 日，农历六月初一，祖父周福清去世，终年六十八岁。

9 月，赴仙台，就读于仙台医学专门学校，后肄业。

1906 年，二十六岁

夏秋之间，回家，与山阴朱安女士结婚；再赴日本，在东京研究文艺，放弃学医。

1907 年，二十七岁

创办文艺杂志《新生》，因经费短缺未印刷发行，后为《河南》杂志撰文。

1908 年，二十八岁

师从章太炎先生。译外文作品。

1909 年，二十九岁

与二弟周作人合译的《域外小说集》第一集和第二集出版。

8 月，回国。

9 月，任浙江两级师范学堂化学及生理学教员。

1910 年，三十岁

9 月，兼任绍兴府中学堂学监。

1911 年，三十一岁

11 月，绍兴光复，11 月、12 月间，任浙江山会初级师范学堂监督。

本年，写成文言短篇小说《怀旧》，1913 年发表于《小说月报》第四卷第一号。

1912 年，三十二岁

2 月，任南京临时政府教育部部员。

5 月，北上，任北京教育部部员。

8 月，被任命为教育部佥事。

1918 年，三十八岁

4 月，创作第一篇白话短篇小说《狂人日记》，以鲁迅为笔名，发表于《新青年》五月刊第四卷第五号。

7 月，《我之节烈观》发表于《新青年》第五卷第二号，收录于《坟》。

9 月，《随感录·二十五》发表于《新青年》第五卷第三号，收录于《热风》。

冬，《孔乙己》发表于《新青年》第六卷第四号，收录于《呐喊》。

1919 年，三十九岁

4 月，作小说《药》，发表于《新青年》第六卷第五号，收录于《呐喊》；5 月，《随感录五十七·现在的屠杀者》发表于《新青年》第六卷第五号，收录于《热风》。

10月，作《我们现在怎样做父亲》，发表于《新青年》第六卷第六号，收录于《坟》。

1920 年，四十岁

8月，作《风波》，发表于《新青年》第八卷第一号，收录于《呐喊》。

1921 年，四十一岁

5月，《故乡》发表于《新青年》第九卷第一号，收录于《呐喊》。

12月，《阿 Q 正传》连载于《晨报副刊》，收录于《呐喊》。

1923 年，四十三岁

8月，《呐喊》由北京新潮社出版。

12月，《中国小说史略》（上卷）由北京新潮社出版。

1924 年，四十四岁

3月，《祝愿》发表于《东方杂志》第二十一卷第六号，收录于《彷徨》；《肥皂》发表于《晨报副刊》，收录于《彷徨》。

5月，《在酒楼上》发表于《小说月报》第十五卷第五号，收录于《彷徨》。

6月，《中国小说史略》（下卷）由北京新潮社出版。

1925 年，四十五岁

4月，《夏三虫》发表于《民众文艺》周刊第十六号，收录于《华盖集》；《春末闲谈》发表于《莽原》周刊第一期，收录于《坟》。

5月，《灯下漫笔》发表于《莽原》周刊第二、第五期，收录于《坟》。

8月，《论睁了眼看》发表于《语丝》周刊第三十八期，收录于《坟》。

10月，创作《孤独者》，未另发表，收录于《彷徨》；创作《伤逝》，未另发表，收录于《彷徨》。

11月，《离婚》发表于《语丝》周刊第五十四期，收录于《彷徨》；《热风》由北京北新书局出版。

1926年，四十六岁

1月，《论"费厄泼赖"应该缓行》发表于《莽原》半月刊第一期，收录于《坟》。

2月，《一点比喻》发表于《莽原》半月刊第四期，收录于《华盖集续编》。

4月，《记念刘和珍君》发表于《语丝》第七十四期，收录于《华盖集续编》。

6月，《华盖集》由北新书局出版。

8月，《彷徨》由北新书局出版。

9月，抵厦门，任厦门大学国文系教授兼国学院研究教授。

1927年，四十七岁

1月，辞厦门大学职务，离开厦门赴广州；2月，任中山大学文学系主任兼教务主任。

3月，《坟》由北京未名社出版。

4月，创作《庆祝沪宁克复的那一边》，发表于本年5月5日《国民新闻》副刊《新出路》第十一号。

5月，《华盖集续编》由北新书局出版。

8月，《魏晋风度及文章与药及酒之关系》连载于广州《民国日报》副刊《现代青年》，收录于《而已集》。

9 月，与许广平一同离开广州赴上海。

1928 年，四十八岁

10 月，《而已集》由上海北新书局出版。

1930 年，五十岁

3 月，出席中国左翼作家联盟成立大会。

4 月，《我们要批评家》发表于《萌芽月刊》第一卷第四期，收录于《二心集》。

5 月，《"丧家的""资本家的乏走狗"》发表于《萌芽月刊》第一卷第五期，收录于《二心集》。

1931 年，五十一岁

12 月，《"友邦惊诧"论》发表于《十字街头》第二期，收录于《二心集》。

1932 年，五十二岁

9 月，《三闲集》由上海北新书局出版。

1933 年，五十三岁

4 月，《两地书》由上海青光书局（北新书局的化名）出版；《为了忘却的记念》发表于《现代》第二卷第六期，收录于《南腔北调集》；《现代史》发表于《申报·自由谈》，收录于《伪自由书》。

5 月，《文章与题目》发表于《申报·自由谈》，收录于《伪自由书》。

6 月，《二丑艺术》发表于《申报·自由谈》，收录于《准风月谈》。

10 月,《伪自由书》由北新书局化名青光书局出版。

1934 年,五十四岁

3 月,《南腔北调集》由上海同文书店（原联华书店）出版。

1935 年,五十五岁

1 月,译苏联作家班台莱耶夫童话《表》。

2 月,始译俄国作家果戈理长篇小说《死魂灵》;《漫谈"漫画"》发表于本年 3 月《太白》半月刊第一卷纪念特辑。

5 月,《论"人言可畏"》发表于《太白》半月刊第二卷第五期,收录于《且介亭杂文二集》;《集外集》由上海群众图书公司出版。

9 月,将所译契诃夫的八篇短篇小说编为一集,取名《坏孩子和别的奇闻》。

10 月,开始编瞿秋白译文集《海上述林》。

11 月,作《理水》,收录于《故事新编》。

12 月,创作《采薇》《出关》《起死》。

1936 年,五十六岁

1 月,《故事新编》由上海文化生活出版社出版。

2 月,《难答的问题》发表于《海燕》月刊第二期,收录于《且介亭杂文末编·附集》。

9 月,《死》发表于《中流》半月刊第一卷第二期,收录于《且介亭杂文末编·附集》。

10 月,《半夏小集》发表于《作家》月刊第二卷第一期,收录于《且介亭杂文末编·附集》;《女吊》发表于《中流》半月刊第一卷第三期,收录于《且介亭杂文末编·附集》。

10 月 17 日，创作最后一篇文稿《因太炎先生而想起的二三事》，未完成。

10 月 19 日，晨五时二十五分逝世。

刘小川

补录二

语文书中的鲁迅

少年闰土

鲁迅

统编教材《义务教育教科书 语文 六年级 上册》选录

统编教材《义务教育教科书（五·四学制）语文 五年级 下册》选录

深蓝的天空中挂着一轮金黄的圆月，下面是海边的沙地，都种着一望无际的碧绿的西瓜，其间有一个十一二岁的少年，项带银圈，手捏一柄钢叉，向一匹猹尽力的刺去，那猹却将身一扭，反从他的胯下逃走了。

这少年便是闰土。我认识他时，也不过十多岁，离现在将有三十年了；那时我的父亲还在世，家景也好，我正是一个少爷。那一年，我家是一件大祭祀的值年。这祭祀，说是三十多年才能轮到一回，所以很郑重；正月里供祖像，供品很多，祭器很讲究，拜的人也很多，祭器也很要防偷去。我家只有一个忙月（我们这里给人做工的分三种：整年给一定人家做工的叫长年；按日给人做工的叫短工；自己也种地，只在过年过节以及收租时候来给一定的人家做工的称忙月），忙不过来，他便对父亲说，可以叫他的儿子闰土来管祭器的。

我的父亲允许了；我也很高兴，因为我早听到闰土这名字，而且知道他和我仿佛年纪，闰月生的，五行缺土，所以他的父亲叫他闰土。他是能装弶捉小鸟雀的。

我于是日日盼望新年，新年到，闰土也就到了。好容易到了年末，有一日，母亲告诉我，闰土来了，我便飞跑的去看。他正在厨房里，紫色的圆脸，头戴一顶小毡帽，颈上套一个明晃晃的银项圈，这可见他的父亲十分爱他，怕他死去，所以在神佛面前许下愿心，用圈子将他套住了。他见人很怕羞，只是不怕我，没有旁人的时候，便和我说话，于是不到半日，我们便熟识了。

我们那时候不知道谈些什么，只记得闰土很高兴，说是上城之后，见了许多没有见过的东西。

第二日，我便要他捕鸟。他说：

"这不能。须大雪下了才好。我们沙地上，下了雪，我扫出一块空地来，用短棒支起一个大竹匾，撒下秕谷，看鸟雀来吃时，我远远地将缚在棒上的绳子只一拉，那鸟雀就罩在竹匾下了。什么都有：稻鸡，角鸡，鹁鸪，蓝背……"

我于是又很盼望下雪。

闰土又对我说：

"现在太冷，你夏天到我们这里来。我们日里到海边检贝壳去，红的绿的都有，鬼见怕也有，观音手也有。晚上我和爹管西瓜去，你也去。"

"管贼么？"

"不是。走路的人口渴了摘一个瓜吃，我们这里是不算偷的。要管的是獾猪，刺猬，猹。月亮地下，你听，啦啦的响了，猹在咬瓜了。你便捏了胡叉，轻轻地走去……"

我那时并不知道这所谓猹的是怎么一件东西——便是现在也没有知道——只是无端的觉得状如小狗而很凶猛。

"它不咬人么？"

"有胡叉呢。走到了，看见猹了，你便刺。这畜生很伶俐，倒向你奔来，反从胯下窜了。他的皮毛是油一般的滑……"

我素不知道天下有这许多新鲜事：海边有如许五色的贝壳；西瓜有这样危险的经历，我先前单知道他在水果店里出卖罢了。

"我们沙地里，潮汛要来的时候，就有许多跳鱼儿只是跳，都有青蛙似的两个脚……"

阿！闰土的心里有无穷无尽的希奇的事，都是我往常的朋友所不知道的。他们不知道一些事，闰土在海边时，他们都和我一样只看见院子里高墙上的四角的天空。

可惜正月过去了，闰土须回家里去，我急得大哭，他也躲到厨房里，哭着不肯出门，但终于被他父亲带走了。他后来还托他的父亲带给我一包贝壳和几支很好看的鸟毛，我也曾送他一两次东西，但从此没有再见面。

好的故事

鲁迅

统编教材《义务教育教科书 语文 六年级 上册》选录
统编教材《义务教育教科书（五·四学制）语文 六年级 下册》选录

　　灯火渐渐地缩小了，在预告石油的已经不多；石油又不是老牌，早熏得灯罩很昏暗。鞭爆的繁响在四近，烟草的烟雾在身边：是昏沉的夜。

　　我闭了眼睛，向后一仰，靠在椅背上；捏着《初学记》的手搁在膝髁上。

　　我在蒙胧中，看见一个好的故事。

　　这故事很美丽，幽雅，有趣。许多美的人和美的事，错综起来像一天云锦，而且万颗奔星似的飞动着，同时又展开去，以至于无穷。

我仿佛记得曾坐小船经过山阴道，两岸边的乌桕，新禾，野花，鸡，狗，丛树和枯树，茅屋，塔，伽蓝，农夫和村妇，村女，晒着的衣裳，和尚，蓑笠，天，云，竹，……都倒影在澄碧的小河中，随着每一打桨，各各夹带了闪烁的日光，并水里的萍藻游鱼，一同荡漾。诸影诸物，无不解散，而且摇动，扩大，互相融和；刚一融和，却又退缩，复近于原形。边缘都参差如夏云头，镶着日光，发出水银色焰。凡是我所经过的河，都是如此。

现在我所见的故事也如此。水中的青天的底子，一切事物统在上面交错，织成一篇，永是生动，永是展开，我看不见这一篇的结束。

河边枯柳树下的几株瘦削的一丈红，该是村女种的罢。大红花和斑红花，都在水里面浮动，忽而碎散，拉长了，如缕缕的胭脂水，然而没有晕。茅屋，狗，塔，村女，云，……也都浮动着。大红花一朵朵全被拉长了，这时是泼剌奔进的红锦带。带织入狗中，狗织入白云中，白云织入村女中……。在一瞬间，他们又将退缩了。但斑红花影也已碎散，伸长，就要织进塔，村女，狗，茅屋，云里去。

现在我所见的故事清楚起来了，美丽，幽雅，有趣，而且分明。青天上面，有无数美的人和美的事，我一一看见，一一知道。

我就要凝视他们……。

我正要凝视他们时，骤然一惊，睁开眼，云锦也已皱蹙，凌乱，仿佛有谁掷一块大石下河水中，水波陡然起立，将整篇的影子撕成片片了。我无意识地赶忙捏住几乎坠地的《初学记》，眼前还剩着几点虹霓色的碎影。

我真爱这一篇好的故事，趁碎影还在，我要追回他，完成他，留下他。我抛了书，欠身伸手去取笔，——何尝有一丝碎影，只见昏暗的灯光，我不在小船里了。

但我总记得见过这一篇好的故事，在昏沉的夜……。

一九二五年二月二十四日。

从百草园到三味书屋

鲁迅

统编教材《义务教育教科书 语文 七年级 上册》选录

我家的后面有一个很大的园，相传叫作百草园。现在是早已并屋子一起卖给朱文公的子孙了，连那最末次的相见也已经隔了七八年，其中似乎确凿只有一些野草；但那时却是我的乐园。

不必说碧绿的菜畦，光滑的石井栏，高大的皂荚树，紫红的桑椹；也不必说鸣蝉在树叶里长吟，肥胖的黄蜂伏在菜花上，轻捷的叫天子（云雀）忽然从草间直窜向云霄里去了。单是周围的短短的泥墙根一带，就有无限趣味。油蛉在这里低唱，蟋蟀们在这里弹琴。翻开断砖来，有时会遇见蜈蚣；还有斑蝥，倘若用手指按住它的脊梁，便会拍的一声，从后窍喷出一阵烟雾。何首乌藤和木莲藤缠络着，木莲有莲房一般的果实，何首乌有拥肿的根。有人说，何首乌根是有像人形的，吃了便可以成仙，我于是常常拔它起来，牵连不断地拔起来，也曾因此弄坏了泥墙，却从来没有见过有一块根像人样。如果不怕刺，还可以摘到覆盆子，像小珊瑚珠攒成的小球，又酸又甜，色味都比桑椹要好得远。

长的草里是不去的，因为相传这园里有一条很大的赤练蛇。

长妈妈曾经讲给我一个故事听：先前，有一个读书人住在古庙里用功，晚间，在院子里纳凉的时候，突然听到有人在叫他。答应着，四面看时，却见一个美女的脸露在墙头上，向他一笑，隐去了。他很高兴；但竟给那走来夜谈的老和尚识破了机关。说他脸上有些妖气，一定遇见"美女蛇"了；这是人首蛇身的怪物，能唤人名，倘一答应，夜间便要来吃这人的肉的。他自然吓得要死，而那老和尚却道无妨，给他一个小盒子，说只要放在枕边，便可高枕而卧。他虽然照样办，却总是睡不着，——当然睡不着的。到半夜，果然来了，沙沙沙！门外像是风雨声。他正抖作一团时，却听得豁的一声，一道金光从枕边飞出，外面便什么声音也没有了，那金光也就飞回来，敛在盒子里。后来呢？后来，老和尚说，这是飞蜈蚣，它能吸蛇的脑髓，美女蛇就被它治死了。

结末的教训是：所以倘有陌生的声音叫你的名字，你万不可答应他。

这故事很使我觉得做人之险，夏夜乘凉，往往有些担心，不敢去看墙上，而且极想得到一盒老和尚那样的飞蜈蚣。走到百草园的草丛旁边时，也常常这样想。但直到现在，总还是没有得到，但也没有遇见过赤练蛇和美女蛇。叫我名字的陌生声音自然是常有的，然而都不是美女蛇。

冬天的百草园比较的无味；雪一下，可就两样了。拍雪人（将自己的全形印在雪上）和塑雪罗汉需要人们鉴赏，这是荒园，人迹罕至，所以不相宜，只好来捕鸟。薄薄的雪，是不行的；总须积雪盖了地面一两天，鸟雀们久已无处觅食的时候才好。扫开一块雪，露出地面，用一枝短棒支起一面大的竹筛来，下面撒些秕谷，棒上系一条长绳，人远远地牵着，看鸟雀下来啄食，走到竹筛底下的时候，将绳子一拉，便罩住了。但所得的是麻雀居多，也有白颊的"张飞鸟"，性子很躁，养不过夜的。

这是闰土的父亲所传授的方法，我却不大能用。明明见它们进去了，拉了绳，跑去一看，却什么都没有，费了半天力，捉住的不过三四只。闰土的父亲是小半天便能捕获几十只，装在叉袋里叫着撞着的。我曾经问他得失的缘由，他只静静地笑道："你太性急，来不及等它走到中间去。"

我不知道为什么家里的人要将我送进书塾里去了，而且还是全城中称为最严厉的书塾。也许是因为拔何首乌毁了泥墙罢，也许是因为将砖头抛到间壁的梁家去了罢，也许是因为站在石井栏上跳了下来罢，……都无从知道。总而言之：我将不能常到百草园了。Ade，我的蟋蟀们！ Ade，我的覆盆子们和木莲们！……

出门向东，不上半里，走过一道石桥，便是我的先生的家了。从一扇黑油的竹门进去，第三间是书房。中间挂着一块扁道：三味书屋；扁下面是一幅画，画着一只很肥大的梅花鹿伏在古树下。没有孔子牌位，我们便对着那扁和鹿行礼。第一次算是拜孔子，第二次算是拜先生。

第二次行礼时，先生便和蔼地在一旁答礼。他是一个高而瘦的老人，须发都花白了，还戴着大眼镜。我对他很恭敬，因为我早听到，他是本城中极方正，质朴，博学的人。

不知从那里听来的，东方朔也很渊博，他认识一种虫，名曰"怪哉"，冤气所化，用酒一浇，就消释了。我很想详细地知道这故事，但阿长是不知道的，因为她毕竟不渊博。现在得到机会了，可以问先生。

"先生，'怪哉'这虫，是怎么一回事？……"我上了生书，将要退下来的时候，赶忙问。

"不知道！"他似乎很不高兴，脸上还有怒色了。

我才知道做学生是不应该问这些事的，只要读书，因为他是渊博的宿儒，决不至于不知道，所谓不知道者，乃是不愿意说。年纪比我大的人，往往如此，我遇见过好几回了。

我就只读书，正午习字，晚上对课。先生最初这几天对我很严厉，后来却好起来了，不过给我读的书渐渐加多，对课也渐渐地加上字去，从三言到五言，终于到七言。

三味书屋后面也有一个园，虽然小，但在那里也可以爬上花坛去折蜡梅花，在地上或桂花树上寻蝉蜕。最好的工作是捉了苍蝇喂蚂蚁，静悄悄地没有声音。然而同窗们到园里的太多，太久，可就不行了，先生在书房里便大叫起来：

"人都到那里去了？！"

人们便一个一个陆续走回去；一同回去，也不行的。他有一条戒尺，但是不常用，也有罚跪的规则，但也不常用，普通总不过瞪几眼，大声道：

"读书！"

于是大家放开喉咙读一阵书，真是人声鼎沸。有念"仁远乎哉我欲仁斯仁至矣"的，有念"笑人齿缺曰狗窦大开"的，有念"上九潜龙勿用"的，有念"厥土下上上错厥贡苞茅橘柚"的……。先生自己也念书。后来，我们的声音便低下去，静下去了，只有他还大声朗读着：

"铁如意，指挥倜傥，一座皆惊呢——；金叵罗，颠倒淋漓噫，千杯未醉嗬——……。"

我疑心这是极好的文章，因为读到这里，他总是微笑起来，而且将头仰起，摇着，向后面拗过去，拗过去。

先生读书入神的时候，于我们是很相宜的。有几个便用纸糊的盔甲套在指甲上做戏。我是画画儿，用一种叫作"荆川纸"的，蒙在小说的绣像上一个个描下来，像习字时候的影写一样。读的书多起来，画的画儿也多起来；书没有读成，画儿的成绩却不少了，最成片段的是《荡寇志》和《西游记》的绣像，都有一大本。后来，因为要钱用，卖给一个有钱的同窗了。他的父亲是开锡箔店的；听说现在自己已经做了店主，而且快要升到绅士的地位了。这东西早已没有了罢。

九月十八日。

五猖会

鲁迅

统编教材《义务教育教科书 语文 七年级 上册》选录

孩子们所盼望的，过年过节之外，大概要数迎神赛会的时候了。但我家的所在很偏僻，待到赛会的行列经过时，一定已在下午，仪仗之类，也减而又减，所剩的极其寥寥。往往伸着颈子等候多时，却只见十几个人抬着一个金脸或蓝脸红脸的神像匆匆地跑过去。于是，完了。

我常存着这样的一个希望：这一次所见的赛会，比前一次繁盛些。可是结果总是一个"差不多"；也总是只留下一个纪念品，就是当神像还未抬过之前，化一文钱买下的，用一点烂泥，一点颜色纸，一枝竹签和两三枝鸡毛所做的，吹起来会发出一种刺耳的声音的哨子，叫作"吹都都"的，吡吡地吹它两三天。

现在看看《陶庵梦忆》，觉得那时的赛会，真是豪奢极了，虽然明人的文章，怕难免有些夸大。因为祷雨而迎龙王，现在也还有的，但办法却已经很简单，不过是十多人盘旋着一条龙，以及村童们扮些海鬼。那时却还要扮故事，而且实在奇拔得可观。他记扮《水浒传》中人物云："……于是分头四出，寻黑矮汉，寻梢长大汉，寻头陀，寻胖大和尚，寻茁壮妇人，寻姣长妇人，寻青面，寻歪头，寻赤须，寻美髯，寻黑大汉，寻赤脸长须。大索城中；无，则之郭，之村，之山僻，之邻府州县。用重价聘之，得三十六人，梁山泊好汉，个个呵活，臻臻至至，人马称娖而行。……"这样的白描的活古人，谁能不动一看的雅兴呢？可惜这种盛举，早已和明社一同消灭了。

赛会虽然不像现在上海的旗袍，北京的谈国事，为当局所禁止，然而妇孺们是不许看的，读书人即所谓士子，也大抵不肯赶去看。只有游手好闲的闲人，这才跑到庙前或衙门前去看热闹；我关于赛会的知识，多半是从他们的叙述上得来的，并非考据家所贵重的"眼学"。然而记得有一回，也亲见过较盛的赛会。开首是一个孩子骑马先来，称为"塘报"；过了许久，"高照"到了，长竹竿揭起一条很长的旗，一个汗流浃背的胖大汉用两手托着；他高兴的时候，就肯将竿头放在头顶或牙齿上，甚而至于鼻尖。其次是所谓"高跷"，"抬阁"，"马头"了；还有扮犯人的，红衣枷锁，内中也有孩子。我那时觉得这些都是有光荣的事业，与闻其事的即全是大有运气的人，——大概羡慕他们的出风头罢。我想，我为什么不生一场重病，使我的母亲也好到庙里去许下一个

"扮犯人"的心愿的呢？……然而我到现在终于没有和赛会发生关系过。

要到东关看五猖会去了。这是我儿时所罕逢的一件盛事。因为那会是全县中最盛的会，东关又是离我家很远的地方，出城还有六十多里水路，在那里有两座特别的庙。一是梅姑庙，就是《聊斋志异》所记，室女守节，死后成神，却篡取别人的丈夫的；现在神座上确塑着一对少年男女，眉开眼笑，殊与"礼教"有妨。其一便是五猖庙了，名目就奇特。据有考据癖的人说：这就是五通神。然而也并无确据。神像是五个男人，也不见有什么猖獗之状；后面列坐着五位太太，却并不"分坐"，远不及北京戏园里界限之谨严。其实呢，这也是殊与"礼教"有妨的，——但他们既然是五猖，便也无法可想，而且自然也就"又作别论"了。

因为东关离城远，大清早大家就起来。昨夜预定好的三道明瓦窗的大船，已经泊在河埠头，船椅，饭菜，茶炊，点心盒子，都在陆续搬下去了。我笑着跳着，催他们要搬得快。忽然，工人的脸色很谨肃了，我知道有些蹊跷，四面一看，父亲就站在我背后。

"去拿你的书来。"他慢慢地说。

这所谓"书"，是指我开蒙时候所读的《鉴略》，因为我再没有第二本了。我们那里上学的岁数是多拣单数的，所以这使我记住我其时是七岁。

我忐忑着，拿了书来了。他使我同坐在堂中央的桌子前，教我一句一句地读下去。我担着心，一句一句地读下去。

两句一行，大约读了二三十行罢，他说：

"给我读熟。背不出，就不准去看会。"

他说完，便站起来，走进房里去了。

我似乎从头上浇了一盆冷水。但是，有什么法子呢？自然是读着，读着，强记着，——而且要背出来。

　　　　粤自盘古，生于太荒，

　　　　首出御世，肇开混茫。

就是这样的书，我现在只记得前四句，别的都忘却了；那时所强记的二三十行，自然也一齐忘却在里面了。记得那时听人说，读《鉴略》比读《千字文》，《百家姓》有用得多，因为可以知道从古到今的大概。知道从古到今的大概，那当然是很好的，然而我一字也不懂。"粤自盘古"就是"粤自盘古"，读下去，记住它，"粤自盘古"呵！"生于太荒"呵！……

应用的物件已经搬完，家中由忙乱转成静肃了。朝阳照着西墙，天气很清朗。母亲，工人，长妈妈即阿长，都无法营救，只默默地静候着我读熟，而且背出来。在百静中，我似乎头里要伸出许多铁钳，将什么"生于太荒"之流夹住；也听到自己急急诵读的声音发着抖，仿佛深秋的蟋蟀，在夜中鸣叫似的。

他们都等候着；太阳也升得更高了。

我忽然似乎已经很有把握，便即站了起来，拿书走进父亲的书房，一气背将下去，梦似的就背完了。

“不错。去罢。”父亲点着头，说。

大家同时活动起来，脸上都露出笑容，向河埠走去。工人将我高高地抱起，仿佛在祝贺我的成功一般，快步走在最前头。

我却并没有他们那么高兴。开船以后，水路中的风景，盒子里的点心，以及到了东关的五猖会的热闹，对于我似乎都没有什么大意思。

直到现在，别的完全忘却，不留一点痕迹了，只有背诵《鉴略》这一段，却还分明如昨日事。

我至今一想起，还诧异我的父亲何以要在那时候叫我来背书。

阿长与《山海经》

鲁迅

统编教材《义务教育教科书 语文 七年级 下册》选录

长妈妈，已经说过，是一个一向带领着我的女工，说得阔气一点，就是我的保姆。我的母亲和许多别的人都这样称呼她，似乎略带些客气的意思。只有祖母叫她阿长。我平时叫她"阿妈"，连"长"字也不带；但到憎恶她的时候，——例如知道了谋死我那隐鼠的却是她的时候，就叫她阿长。

我们那里没有姓长的；她生得黄胖而矮，"长"也不是形容词。又不是她的名字，记得她自己说过，她的名字是叫作什么姑娘的。什么姑娘，我现在已经忘却了，总之不是长姑娘；也终于不知道她姓什么。记得她也曾告诉过我这个名称的来历：先前的先前，我家有一个女工，身材生得很高大，这就是真阿长。后来她回去了，我那什么姑娘才来补她的缺，然而大家因为叫惯了，没有再改口，于是她从此也就成为长妈妈了。

虽然背地里说人长短不是好事情，但倘使要我说句真心话，我可只得说：我实在不大佩服她。最讨厌的是常喜欢切切察察，向人们低声絮说些什么事，还竖起第二个手指，在空中上下摇动，或者点着对手或自己的鼻尖。我的家里一有些小风波，不知怎的我总疑心和这"切切察察"有些关系。又不许我走动，拔一株草，翻一块石头，就说我顽皮，要告诉我的母亲去了。一到夏天，睡觉时她又伸开两脚两手，在床中间摆成一个"大"字，挤得我没有余地翻身，久睡在一角的席子上，又已经烤得那么热。推她呢，不动；叫她呢，也不闻。

"长妈妈生得那么胖，一定很怕热罢？晚上的睡相，怕不见得很好罢？……"

母亲听到我多回诉苦之后，曾经这样地问过她。我也知道这意思是要她多给我一些空席。她不开口。但到夜里，我热得醒来的时候，却仍然看见满床摆着一个"大"字，一条臂膊还搁在我的颈子上。我想，这实在是无法可想了。

但是她懂得许多规矩；这些规矩，也大概是我所不耐烦的。一年中最高兴的时节，自然要数除夕了。辞岁之后，从长辈得到压岁钱，红纸包着，放在枕边，只要过一宵，便可以随意使用。睡在枕上，看着红包，想到明天买来的小鼓，刀枪，泥人，糖菩萨……。然而她进来，又将一个福橘放在床头了。

"哥儿，你牢牢记住！"她极其郑重地说。"明天是正月初一，清早一睁开眼睛，第一句话就得对我说：'阿妈，恭喜恭喜！'记得么？你要记着，这是一年的运气的事情。不许说别的话！说过之后，还得吃一点福橘。"她又拿起那橘子来在我的眼前摇了两摇，"那么，一年到头，顺顺流流……。"

梦里也记得元旦的，第二天醒得特别早，一醒，就要坐起来。她却立刻伸出臂膊，一把将我按住。我惊异地看她时，只见她惶急地看着我。

她又有所要求似的，摇着我的肩。我忽而记得了——

"阿妈，恭喜……。"

"恭喜恭喜！大家恭喜！真聪明！恭喜恭喜！"她于是十分喜欢似的，笑将起来，同时将一点冰冷的东西，塞在我的嘴里。我大吃一惊之后，也就忽而记得，这就是所谓福橘，元旦辟头的磨难，总算已经受完，可以下床玩耍去了。

她教给我的道理还很多，例如说人死了，不该说死掉，必须说"老掉了"；死了人，生了孩子的屋子里，不应该走进去；饭粒落在地上，必须拣起来，最好是吃下去；晒裤子用的竹竿底下，是万不可钻过去的……。此外，现在大抵忘却了，只有元旦的古怪仪式记得最清楚。总之：都是些烦琐之至，至今想起来还觉得非常麻烦的事情。

然而我有一时也对她发生过空前的敬意。她常常对我讲"长毛"。她之所谓"长毛"者，不但洪秀全军，似乎连后来一切土匪强盗都在内，但除却革命党，因为那时还没有。她说得长毛非常可怕，他们的话就听不懂。她说先前长毛进城的时候，我家全都逃到海边去了，只留一个门房和年老的煮饭老妈子看家。后来长毛果然进门来了，那老妈子便叫他们"大王"，——据说对长毛就应该这样叫，——诉说自己的饥饿。长毛笑道："那么，这东西就给你吃了罢！"将一个圆圆的东西掷了过来，还带着一条小辫子，正是那门房的头。煮饭老妈子从此就骇破了胆，后来一提起，还是立刻面如土色，自己轻轻地拍着胸脯道："阿呀，骇死我了，骇死我了……。"

我那时似乎倒并不怕，因为我觉得这些事和我毫不相干的，我不是一个门房。但她大概也即觉到了，说道："像你似的小孩子，长毛也要掳的，掳去做小长毛。还有好看的姑娘，也要掳。"

"那么，你是不要紧的。"我以为她一定最安全了，既不做门房，又不是小孩子，也生得不好看，况且颈子上还有许多灸疮疤。

"那里的话？！"她严肃地说。"我们就没有用么？我们也要被掳去。城外有兵来攻的时候，长毛就叫我们脱下裤子，一排一排地站在城墙上，外面的大炮就放不出来；再要放，就炸了！"

这实在是出于我意想之外的，不能不惊异。我一向只以为她满肚子是麻烦的礼节罢了，却不料她还有这样伟大的神力。从此对于她就有了特别的敬意，似乎实在深不可测；夜间的伸开手脚，占领全床，那当然是情有可原的了，倒应该我退让。

这种敬意，虽然也逐渐淡薄起来，但完全消失，大概是在知道她谋害了我的隐鼠之后。那时就极严重地诘问，而且当面叫她阿长。我想我又不真做小长毛，不去攻城，也不放炮，更不怕炮炸，我惧惮她什么呢！

但当我哀悼隐鼠，给它复仇的时候，一面又在渴慕着绘图的《山海经》了。这渴慕是从一个远房的叔祖惹起来的。他是一个胖胖的，和蔼的老人，爱种一点花木，如珠兰，茉莉之类，还有极其少见的，据说从北边带回去的马缨花。他的太太却正相反，什么也莫名其妙，曾将晒衣服的竹竿搁在珠兰的枝条上，枝折了，还要愤愤地咒骂道："死尸！"这老人是个寂寞者，因为无人可谈，就很爱和孩子们往来，有时简直称我们为"小友"。在我们聚族而居的宅子里，只有他书多，而且特别。制艺和试帖诗，自然也是有的；但我却只在他的书斋里，看见过陆玑的《毛诗草木鸟兽虫鱼疏》，还有许多名目很生的书籍。我那时最爱看的是《花镜》，上面有许多图。他说给我听，曾经有过一部绘图的《山海经》，画着人面的兽，九头的蛇，三脚的鸟，生着翅膀的人，没有头而以两乳当作眼睛的怪物，……可惜现在不知道放在那里了。

我很愿意看看这样的图画，但不好意思力逼他去寻找，他是很疏懒的。问别人呢，谁也不肯真实地回答我。压岁钱还有几百文，买罢，又没有好机会。有书买的大街离我家远得很，我一年中只能在正月间去玩一趟，那时候，两家书店都紧紧地关着门。

玩的时候倒是没有什么的，但一坐下，我就记得绘图的《山海经》。

大概是太过于念念不忘了，连阿长也来问《山海经》是怎么一回事。这是我向来没有和她说过的，我知道她并非学者，说了也无益；但既然来问，也就都对她说了。

过了十多天，或者一个月罢，我还很记得，是她告假回家以后的四五天，她穿着新的蓝布衫回来了，一见面，就将一包书递给我，高兴地说道：

"哥儿，有画儿的'三哼经'，我给你买来了！"

我似乎遇着了一个霹雳，全体都震悚起来；赶紧去接过来，打开纸包，是四本小小的书，略略一翻，人面的兽，九头的蛇，……果然都在内。

这又使我发生新的敬意了，别人不肯做，或不能做的事，她却能够做成功。她确有伟大的神力。谋害隐鼠的怨恨，从此完全消灭了。

这四本书，乃是我最初得到，最为心爱的宝书。

书的模样，到现在还在眼前。可是从还在眼前的模样来说，却是一部刻印都十分粗拙的本子。纸张很黄；图像也很坏，甚至于几乎全用直线凑合，连动物的眼睛也都是长方形的。但那是我最为心爱的宝书，看起来，确是人面的兽；九头的蛇；一脚的牛；袋子似的帝江；没有头而"以乳为目，以脐为口"，还要"执干戚而舞"的刑天。

此后我就更其搜集绘图的书，于是有了石印的《尔雅音图》和《毛诗品物图考》，又有了《点石斋丛画》和《诗画舫》。《山海经》也另买了一部石印的，每卷都有图赞，绿色的画，字是红的，比那木刻的精致得多了。这一部直到前年还在，是缩印的郝懿行疏。木刻的却已经记不清是什么时候失掉的。

我的保姆，长妈妈即阿长，辞了这人世，大概也有了三十年了罢。我终于不知道她的姓名，她的经历；仅知道有一个过继的儿子，她大约是青年守寡的孤孀。

仁厚黑暗的地母呵，愿在你怀里永安她的魂灵！

三月十日。

藤野先生

鲁迅

统编教材《义务教育教科书 语文 八年级 上册》选录

东京也无非是这样。上野的樱花烂熳的时节，望去确也像绯红的轻云，但花下也缺不了成群结队的"清国留学生"的速成班，头顶上盘着大辫子，顶得学生制帽的顶上高高耸起，形成一座富士山。也有解散辫子，盘得平的，除下帽来，油光可鉴，宛如小姑娘的发髻一般，还要将脖子扭几扭。实在标致极了。

中国留学生会馆的门房里有几本书买，有时还值得去一转；倘在上午，里面的几间洋房里倒也还可以坐坐的。但到傍晚，有一间的地板便常不免要咚咚咚地响得震天，兼以满房烟尘斗乱；问问精通时事的人，答道，"那是在学跳舞。"

到别的地方去看看，如何呢？

　　我就往仙台的医学专门学校去。从东京出发，不久便到一处驿站，写道：日暮里。不知怎地，我到现在还记得这名目。其次却只记得水户了，这是明的遗民朱舜水先生客死的地方。仙台是一个市镇，并不大；冬天冷得利害；还没有中国的学生。

　　大概是物以希为贵罢。北京的白菜运往浙江，便用红头绳系住菜根，倒挂在水果店头，尊为"胶菜"；福建野生着的芦荟，一到北京就请进温室，且美其名曰"龙舌兰"。我到仙台也颇受了这样的优待，不但学校不收学费，几个职员还为我的食宿操心。我先是住在监狱旁边一个客店里的，初冬已经颇冷，蚊子却还多，后来用被盖了全身，用衣服包了头脸，只留两个鼻孔出气。在这呼吸不息的地方，蚊子竟无从插嘴，居然睡安稳了。饭食也不坏。但一位先生却以为这客店也包办囚人的饭食，我住在那里不相宜，几次三番，几次三番地说。我虽然觉得客店兼办囚人的饭食和我不相干，然而好意难却，也只得别寻相宜的住处了。于是搬到别一家，离监狱也很远，可惜每天总要喝难以下咽的芋梗汤。

　　从此就看见许多陌生的先生，听到许多新鲜的讲义。解剖学是两个教授分任的。最初是骨学。其时进来的是一个黑瘦的先生，八字须，戴着眼镜，挟着一叠大大小小的书。一将书放在讲台上，便用了缓慢而很有顿挫的声调，向学生介绍自己道：

　　"我就是叫作藤野严九郎的……。"

　　后面有几个人笑起来了。他接着便讲述解剖学在日本发达的历史，那些大大小小的书，便是从最初到现今关于这一门学问的著作。起初有几本是线装的；还有翻刻中国译本的，他们的翻译和研究新的医学，并不比中国早。

那坐在后面发笑的是上学年不及格的留级学生，在校已经一年，掌故颇为熟悉的了。他们便给新生讲演每个教授的历史。这藤野先生，据说是穿衣服太模胡了，有时竟会忘记带领结；冬天是一件旧外套，寒颤颤的，有一回上火车去，致使管车的疑心他是扒手，叫车里的客人大家小心些。

他们的话大概是真的，我就亲见他有一次上讲堂没有带领结。

过了一星期，大约是星期六，他使助手来叫我了。到得研究室，见他坐在人骨和许多单独的头骨中间，——他其时正在研究着头骨，后来有一篇论文在本校的杂志上发表出来。

"我的讲义，你能抄下来么？"他问。

"可以抄一点。"

"拿来我看！"

我交出所抄的讲义去，他收下了，第二三天便还我，并且说，此后每一星期要送给他看一回。我拿下来打开看时，很吃了一惊，同时也感到一种不安和感激。原来我的讲义已经从头到末，都用红笔添改过了，不但增加了许多脱漏的地方，连文法的错误，也都一一订正。这样一直继续到教完了他所担任的功课：骨学，血管学，神经学。

可惜我那时太不用功，有时也很任性。还记得有一回藤野先生将我叫到他的研究室里去，翻出我那讲义上的一个图来，是下臂的血管，指着，向我和蔼的说道：

"你看，你将这条血管移了一点位置了。——自然，这样一移，的确比较的好看些，然而解剖图不是美术，实物是那么样的，我们没法改换它。现在我给你改好了，以后你要全照着黑板上那样的画。"

但是我还不服气，口头答应着，心里却想道：

"图还是我画的不错；至于实在的情形，我心里自然记得的。"

学年试验完毕之后，我便到东京玩了一夏天，秋初再回学校，成绩早已发表了，同学一百余人之中，我在中间，不过是没有落第。这回藤野先生所担任的功课，是解剖实习和局部解剖学。

解剖实习了大概一星期，他又叫我去了，很高兴地，仍用了极有抑扬的声调对我说道：

"我因为听说中国人是很敬重鬼的，所以很担心，怕你不肯解剖尸体。现在总算放心了，没有这回事。"

但他也偶有使我很为难的时候。他听说中国的女人是裹脚的，但不知道详细，所以要问我怎么裹法，足骨变成怎样的畸形，还叹息道，"总要看一看才知道。究竟是怎么一回事呢？"

有一天，本级的学生会干事到我寓里来了，要借我的讲义看。我检出来交给他们，却只翻检了一通，并没有带走。但他们一走，邮差就送到一封很厚的信，拆开看时，第一句是：

"你改悔罢！"

这是《新约》上的句子罢，但经托尔斯泰新近引用过的。其时正值日俄战争，托老先生便写了一封给俄国和日本的皇帝的信，开首便是这一句。日本报纸上很斥责他的不逊，爱国青年也愤然，然而暗地里却早受了他的影响了。其次的话，大略是说上年解剖学试验的题目，是藤野先生在讲义上做了记号，我预先知道的，所以能有这样的成绩。末尾是匿名。

我这才回忆到前几天的一件事。因为要开同级会，干事便在黑板上写广告，末一句是"请全数到会勿漏为要"，而且在"漏"字旁边加了一个圈。我当时虽然觉到圈得可笑，但是毫不介意，这回才悟出那字也在讥刺我了，犹言我得了教员漏泄出来的题目。

我便将这事告知了藤野先生；有几个和我熟识的同学也很不平，一同去诘责干事托辞检查的无礼，并且要求他们将检查的结果，发表出来。终于这流言消灭了，干事却又竭力运动，要收回那一封匿名信去。结末是我便将这托尔斯泰式的信退还了他们。

中国是弱国，所以中国人当然是低能儿，分数在六十分以上，便不是自己的能力了：也无怪他们疑惑。但我接着便有参观枪毙中国人的命运了。第二年添教霉菌学，细菌的形状是全用电影来显示的，一段落已完而还没有到下课的时候，便影几片时事的片子，自然都是日本战胜俄国的情形。但偏有中国人夹在里边：给俄国人做侦探，被日本军捕获，要枪毙了，围着看的也是一群中国人；在讲堂里的还有一个我。

"万岁！"他们都拍掌欢呼起来。

这种欢呼，是每看一片都有的，但在我，这一声却特别听得刺耳。此后回到中国来，我看见那些闲看枪毙犯人的人们，他们也何尝不酒醉似的喝采，——呜呼，无法可想！但在那时那地，我的意见却变化了。

到第二学年的终结，我便去寻藤野先生，告诉他我将不学医学，并且离开这仙台。他的脸色仿佛有些悲哀，似乎想说话，但竟没有说。

"我想去学生物学，先生教给我的学问，也还有用的。"其实我并没有决意要学生物学，因为看得他有些凄然，便说了一个慰安他的谎话。

"为医学而教的解剖学之类，怕于生物学也没有什么大帮助。"他叹息说。

将走的前几天，他叫我到他家里去，交给我一张照相，后面写着两个字道："惜别"，还说希望将我的也送他。但我这时适值没有照相了；他便叮嘱我将来照了寄给他，并且时时通信告诉他此后的状况。

我离开仙台之后，就多年没有照过相，又因为状况也无聊，说起来无非使他失望，便连信也怕敢写了。经过的年月一多，话更无从说起，所以虽然有时想写信，却又难以下笔，这样的一直到现在，竟没有寄过一封信和一张照片。从他那一面看起来，是一去之后，杳无消息了。

但不知怎地，我总还时时记起他，在我所认为我师的之中，他是最使我感激，给我鼓励的一个。有时我常常想：他的对于我的热心的希望，不倦的教诲，小而言之，是为中国，就是希望中国有新的医学；大而言之，是为学术，就是希望新的医学传到中国去。他的性格，在我的眼里和心里是伟大的，虽然他的姓名并不为许多人所知道。

他所改正的讲义，我曾经订成三厚本，收藏着的，将作为永久的纪念。不幸七年前迁居的时候，中途毁坏了一口书箱，失去半箱书，恰巧这讲义也遗失在内了。责成运送局去找寻，寂无回信。只有他的照相至今还挂在我北京寓居的东墙上，书桌对面。每当夜间疲倦，正想偷懒时，仰面在灯光中瞥见他黑瘦的面貌，似乎正要说出抑扬顿挫的话来，便使我忽又良心发现，而且增加勇气了，于是点上一枝烟，再继续写些为"正人君子"之流所深恶痛疾的文字。

十月十二日。

社戏（节选）

鲁迅

统编教材《义务教育教科书 语文 八年级 下册》选录

　　我们鲁镇的习惯，本来是凡有出嫁的女儿，倘自己还未当家，夏间便大抵回到母家去消夏。那时我的祖母虽然还康健，但母亲也已分担了些家务，所以夏期便不能多日的归省了，只得在扫墓完毕之后，抽空去住几天，这时我便每年跟了我的母亲住在外祖母的家里。那地方叫平桥村，是一个离海边不远，极偏僻的，临河的小村庄；住户不满三十家，都种田，打鱼，只有一家很小的杂货店。但在我是乐土：因为我在这里不但得到优待，又可以免念"秩秩斯干幽幽南山"了。

　　和我一同玩的是许多小朋友，因为有了远客，他们也都从父母那里得了减少工作的许可，伴我来游戏。在小村里，一家的客，几乎也就是公共的。我们年纪都相仿，但论起行辈来，却至少是叔子，有几个还是太公，因为他们合村都同姓，是本家。然而我们是朋友，即使偶而吵闹起来，打了太公，一村的老老小小，也决没有一个会想出"犯上"这两个字来，而他们也百分之九十九不识字。

我们每天的事情大概是掘蚯蚓，掘来穿在铜丝做的小钩上，伏在河沿上去钓虾。虾是水世界里的呆子，决不惮用了自己的两个钳捧着钩尖送到嘴里去的，所以不半天便可以钓到一大碗。这虾照例是归我吃的。其次便是一同去放牛，但或者因为高等动物了的缘故罢，黄牛水牛都欺生，敢于欺侮我，因此我也总不敢走近身，只好远远地跟着，站着。这时候，小朋友们便不再原谅我会读"秩秩斯干"，却全都嘲笑起来了。

至于我在那里所第一盼望的，却在到赵庄去看戏。赵庄是离平桥村五里的较大的村庄；平桥村太小，自己演不起戏，每年总付给赵庄多少钱，算作合做的。当时我并不想到他们为什么年年要演戏。现在想，那或者是春赛，是社戏了。

就在我十一二岁时候的这一年，这日期也看看等到了。不料这一年真可惜，在早上就叫不到船。平桥村只有一只早出晚归的航船是大船，决没有留用的道理。其余的都是小船，不合用；央人到邻村去问，也没有，早都给别人定下了。外祖母很气恼，怪家里的人不早定，絮叨起来。母亲便宽慰伊，说我们鲁镇的戏比小村里的好得多，一年看几回，今天就算了。只有我急得要哭，母亲却竭力的嘱咐我，说万不能装模装样，怕又招外祖母生气，又不准和别人一同去，说是怕外祖母要担心。

总之，是完了。到下午，我的朋友都去了，戏已经开场了，我似乎听到锣鼓的声音，而且知道他们在戏台下买豆浆喝。

这一天我不钓虾，东西也少吃。母亲很为难，没有法子想。到晚饭时候，外祖母也终于觉察了，并且说我应当不高兴，他们太怠慢，是待客的礼数里从来所没有的。吃饭之后，看过戏的少年们也都聚拢来了，高高兴兴的来讲戏。只有我不开口；他们都叹息而且表同情。忽然间，一个最聪明的双喜大悟似的提议了，他说，"大船？八叔的航船不是回来了么？"十几个别的少年也大悟，立刻撺掇起来，说可以坐了这航船和我一同去。我高兴了。然而外祖母又怕都是孩子们，不可靠；母亲又说是若叫大人一同去，他们白天全有工作，要他熬夜，是不合情理的。在这迟疑之中，双喜可又看出底细来了，便又大声的说道，"我写包票！船又大；迅哥儿向来不乱跑；我们又都是识水性的！"

诚然！这十多个少年，委实没有一个不会凫水的，而且两三个还是弄潮的好手。

外祖母和母亲也相信，便不再驳回，都微笑了。我们立刻一哄的出了门。

我的很重的心忽而轻松了，身体也似乎舒展到说不出的大。一出门，便望见月下的平桥内泊着一支白篷的航船，大家跳下船，双喜拔前篙，阿发拔后篙，年幼的都陪我坐在舱中，较大的聚在船尾。母亲送出来吩咐"要小心"的时候，我们已经点开船，在桥石上一磕，退后几尺，即又上前出了桥。于是架起两支橹，一支两人，一里一换，有说笑的，有嚷的，夹着潺潺的船头激水的声音，在左右都是碧绿的豆麦田地的河流中，飞一般径向赵庄前进了。

两岸的豆麦和河底的水草所发散出来的清香，夹杂在水气中扑面的吹来；月色便朦胧在这水气里。淡黑的起伏的连山，仿佛是踊跃的铁的兽脊似的，都远远地向船尾跑去了，但我却还以为船慢。他们换了四回手，渐望见依稀的赵庄，而且似乎听到歌吹了，还有几点火，料想便是戏台，但或者也许是渔火。

那声音大概是横笛，宛转，悠扬，使我的心也沉静，然而又自失起来，觉得要和他弥散在含着豆麦蕴藻之香的夜气里。

那火接近了，果然是渔火；我才记得先前望见的也不是赵庄。那是正对船头的一丛松柏林，我去年也曾经去游玩过，还看见破的石马倒在地下，一个石羊蹲在草里呢。过了那林，船便弯进了叉港，于是赵庄便真在眼前了。

最惹眼的是屹立在庄外临河的空地上的一座戏台，模胡在远处的月夜中，和空间几乎分不出界限，我疑心画上见过的仙境，就在这里出现了。这时船走得更快，不多时，在台上显出人物来，红红绿绿的动，近台的河里一望乌黑的是看戏的人家的船篷。

"近台没有什么空了，我们远远的看罢。"阿发说。

这时船慢了，不久就到，果然近不得台旁，大家只能下了篙，比那正对戏台的神棚还要远。其实我们这白篷的航船，本也不愿意和乌篷的船在一处，而况并没有空地呢……

在停船的匆忙中，看见台上有一个黑的长胡子的背上插着四张旗，捏着长枪，和一群赤膊的人正打仗。双喜说，那就是有名的铁头老生，能连翻八十四个筋斗，他日里亲自数过的。

我们便都挤在船头上看打仗，但那铁头老生却又并不翻筋斗，只有几个赤膊的人翻，翻了一阵，都进去了，接着走出一个小旦来，咿咿呀呀的唱。双喜说，"晚上看客少，铁头老生也懈了，谁肯显本领给白地看呢？"我相信这话对，因为其时台下已经不很有人，乡下人为了明天的工作，熬不得夜，早都睡觉去了，疏疏朗朗的站着的不过是几十个本村和邻村的闲汉。乌篷船里的那些土财主的家眷固然在，然而他们也不在乎看戏，多半是专到戏台下来吃糕饼、水果和瓜子的。所以简直可以算白地。

然而我的意思却也并不在乎看翻筋斗。我最愿意看的是一个人蒙了白布，两手在头上捧着一支棒似的蛇头的蛇精，其次是套了黄布衣跳老虎。但是等了许多时都不见，小旦虽然进去了，立刻又出来了一个很老的小生。我有些疲倦了，托桂生买豆浆去。他去了一刻，回来说，"没有。卖豆浆的聋子也回去了。日里倒有，我还喝了两碗呢。现在去舀一瓢水来给你喝罢。"

我不喝水，支撑着仍然看，也说不出见了些什么，只觉得戏子的脸都渐渐的有些稀奇了，那五官渐不明显，似乎融成一片的再没有什么高低。年纪小的几个多打呵欠了，大的也各管自己谈话。忽而一个红衫的小丑被绑在台柱子上，给一个花白胡子的用马鞭打起来了，大家才又振作精神的笑着看。在这一夜里，我以为这实在要算是最好的一折。

然而老旦终于出台了。老旦本来是我所最怕的东西，尤其是怕他坐下了唱。这时候，看见大家也都很扫兴，才知道他们的意见是和我一致的。那老旦当初还只是踱来踱去的唱，后来竟在中间的一把交椅上坐下了。我很担心；双喜他们却就破口喃喃的骂。我忍耐的等着，许多工夫，只见那老旦将手一抬，我以为就要站起来了，不料他却又慢慢的放下在原地方，仍旧唱。全船里几个人不住的吁气，其余的也打起呵欠来。双喜终于熬不住了，说道，怕他会唱到天明还不完，还是我们走的好罢。大家立刻都赞成，和开船时候一样踊跃，三四人径奔船尾，拔了篙，点退几丈，回转船头，架起橹，骂着老旦，又向那松柏林前进了。

　　月还没有落，仿佛看戏也并不很久似的，而一离赵庄，月光又显得格外的皎洁。回望戏台在灯火光中，却又如初来未到时候一般，又漂渺得像一座仙山楼阁，满被红霞罩着了。吹到耳边来的又是横笛，很悠扬；我疑心老旦已经进去了，但也不好意思说再回去看。

　　不多久，松柏林早在船后了，船行也并不慢，但周围的黑暗只是浓，可知已经到了深夜。他们一面议论着戏子，或骂，或笑，一面加紧的摇船。这一次船头的激水声更其响亮了，那航船，就像一条大白鱼背着一群孩子在浪花里蹿，连夜渔的几个老渔父，也停了艇子看着喝采起来。

　　离平桥村还有一里模样，船行却慢了，摇船的都说很疲乏，因为太用力，而且许久没有东西吃。这回想出来的是桂生，说是罗汉豆正旺相，柴火又现成，我们可以偷一点来煮吃的。大家都赞成，立刻近岸停了船；岸上的田里，乌油油的便都是结实的罗汉豆。

"阿阿，阿发，这边是你家的，这边是老六一家的，我们偷那一边的呢？"双喜先跳下去了，在岸上说。

我们也都跳上岸。阿发一面跳，一面说道，"且慢，让我来看一看罢。"他于是往来的摸了一回，直起身来说道，"偷我们的罢，我们的大得多呢。"一声答应，大家便散开在阿发家的豆田里，各摘了一大捧，抛入船舱中。双喜以为再多偷，倘给阿发的娘知道是要哭骂的，于是各人便到六一公公的田里又各偷了一大捧。

我们中间几个年长的仍然慢慢的摇着船，几个到后舱去生火，年幼的和我都剥豆。不久豆熟了，便任凭航船浮在水面上，都围起来用手撮着吃。吃完豆，又开船，一面洗器具，豆荚豆壳全抛在河水里，什么痕迹也没有了。双喜所虑的是用了八公公船上的盐和柴，这老头子很细心，一定要知道，会骂的。然而大家议论之后，归结是不怕。他如果骂，我们便要他归还去年在岸边拾去的一枝枯柏树，而且当面叫他"八癞子"。

"都回来了！那里会错。我原说过写包票的！"双喜在船头上忽而大声的说。

我向船头一望，前面已经是平桥。桥脚上站着一个人，却是我的母亲，双喜便是对伊说着话。我走出前舱去，船就进了平桥了，停了船，我们纷纷都上岸。母亲颇有些生气，说是过了三更了，怎么回来得这样迟，但也就高兴了，笑着邀大家去吃炒米。

大家都说已经吃了点心，又渴睡，不如及早睡的好，各自回去了。

第二天，我向午才起来，并没有听到什么关系八公公盐柴事件的纠葛，下午仍然去钓虾。

"双喜，你们这班小鬼，昨天偷了我的豆了罢？又不肯好好的摘，踏坏了不少。"我抬头看时，是六一公公棹着小船，卖了豆回来了，船肚里还有剩下的一堆豆。

"是的。我们请客。我们当初还不要你的呢。你看，你把我的虾吓跑了！"双喜说。

六一公公看见我，便停了楫，笑道，"请客？——这是应该的。"于是对我说，"迅哥儿，昨天的戏可好么？"

我点一点头，说道，"好。"

"豆可中吃呢？"

我又点一点头，说道，"很好。"

不料六一公公竟非常感激起来，将大拇指一翘，得意的说道，"这真是大市镇里出来的读过书的人才识货！我的豆种是粒粒挑选过的，乡下人不识好歹，还说我的豆比不上别人的呢。我今天也要送些给我们的姑奶奶尝尝去……"他于是打着楫子过去了。

待到母亲叫我回去吃晚饭的时候，桌上便有一大碗煮熟了的罗汉豆，就是六一公公送给母亲和我吃的。听说他还对母亲极口夸奖我，说"小小年纪便有见识，将来一定要中状元。姑奶奶，你的福气是可以写包票的了。"但我吃了豆，却并没有昨夜的豆那么好。

真的，一直到现在，我实在再没有吃到那夜似的好豆，——也不再看到那夜似的好戏了。

一九二二年十月。

故乡

鲁迅

统编教材《义务教育教科书 语文 九年级 上册》选录

我冒了严寒，回到相隔二千余里，别了二十余年的故乡去。

时候既然是深冬；渐近故乡时，天气又阴晦了，冷风吹进船舱中，呜呜的响，从篷隙向外一望，苍黄的天底下，远近横着几个萧索的荒村，没有一些活气。我的心禁不住悲凉起来了。

阿！这不是我二十年来时时记得的故乡？

我所记得的故乡全不如此。我的故乡好得多了。但要我记起他的美丽，说出他的佳处来，却又没有影像，没有言辞了。仿佛也就如此。于是我自己解释说：故乡本也如此，——虽然没有进步，也未必有如我所感的悲凉，这只是我自己心情的改变罢了，因为我这次回乡，本没有什么好心绪。

我这次是专为了别他而来的。我们多年聚族而居的老屋，已经公同卖给别姓了，交屋的期限，只在本年，所以必须赶在正月初一以前，永别了熟识的老屋，而且远离了熟识的故乡，搬家到我在谋食的异地去。

第二日清早晨我到了我家的门口了。瓦楞上许多枯草的断茎当风抖着，正在说明这老屋难免易主的原因。几房的本家大约已经搬走了，所以很寂静。我到了自家的房外，我的母亲早已迎着出来了，接着便飞出了八岁的侄儿宏儿。

我的母亲很高兴，但也藏着许多凄凉的神情，教我坐下，歇息，喝茶，且不谈搬家的事。宏儿没有见过我，远远的对面站着只是看。

但我们终于谈到搬家的事。我说外间的寓所已经租定了，又买了几件家具，此外须将家里所有的木器卖去，再去增添。母亲也说好，而且行李也略已齐集，木器不便搬运的，也小半卖去了，只是收不起钱来。

"你休息一两天，去拜望亲戚本家一回，我们便可以走了。"母亲说。

"是的。"

"还有闰土，他每到我家来时，总问起你，很想见你一回面。我已经将你到家的大约日期通知他，他也许就要来了。"

这时候，我的脑里忽然闪出一幅神异的图画来：深蓝的天空中挂着一轮金黄的圆月，下面是海边的沙地，都种着一望无际的碧绿的西瓜，其间有一个十一二岁的少年，项带银圈，手捏一柄钢叉，向一匹猹尽力的刺去，那猹却将身一扭，反从他的胯下逃走了。

这少年便是闰土。我认识他时，也不过十多岁，离现在将有三十年了；那时我的父亲还在世，家景也好，我正是一个少爷。那一年，我家是一件大祭祀的值年。这祭祀，说是三十多年才能轮到一回，所以很郑重；正月里供祖像，供品很多，祭器很讲究，拜的人也很多，祭器也很要防偷去。我家只有一个忙月（我们这里给人做工的分三种：整年给一定人家做工的叫长年；按日给人做工的叫短工；自己也种地，只在过年过节以及收租时候来给一定的人家做工的称忙月），忙不过来，他便对父亲说，可以叫他的儿子闰土来管祭器的。

我的父亲允许了；我也很高兴，因为我早听到闰土这名字，而且知道他和我仿佛年纪，闰月生的，五行缺土，所以他的父亲叫他闰土。他是能装弶捉小鸟雀的。

我于是日日盼望新年，新年到，闰土也就到了。好容易到了年末，有一日，母亲告诉我，闰土来了，我便飞跑的去看。他正在厨房里，紫色的圆脸，头戴一顶小毡帽，颈上套一个明晃晃的银项圈，这可见他的父亲十分爱他，怕他死去，所以在神佛面前许下愿心，用圈子将他套住了。他见人很怕羞，只是不怕我，没有旁人的时候，便和我说话，于是不到半日，我们便熟识了。

我们那时候不知道谈些什么，只记得闰土很高兴，说是上城之后，见了许多没有见过的东西。

第二日，我便要他捕鸟。他说：

"这不能。须大雪下了才好。我们沙地上，下了雪，我扫出一块空地来，用短棒支起一个大竹匾，撒下秕谷，看鸟雀来吃时，我远远地将缚在棒上的绳子只一拉，那鸟雀就罩在竹匾下了。什么都有：稻鸡，角鸡，鹁鸪，蓝背……"

我于是又很盼望下雪。

闰土又对我说：

"现在太冷，你夏天到我们这里来。我们日里到海边检贝壳去，红的绿的都有，鬼见怕也有，观音手也有。晚上我和爹管西瓜去，你也去。"

"管贼么？"

"不是。走路的人口渴了摘一个瓜吃，我们这里是不算偷的。要管的是獾猪，刺猬，猹。月亮地下，你听，啦啦的响了，猹在咬瓜了。你便捏了胡叉，轻轻地走去……"

我那时并不知道这所谓猹的是怎么一件东西——便是现在也没有知道——只是无端的觉得状如小狗而很凶猛。

"他不咬人么？"

"有胡叉呢。走到了，看见猹了，你便刺。这畜生很伶俐，倒向你奔来，反从胯下窜了。他的皮毛是油一般的滑……"

我素不知道天下有这许多新鲜事：海边有如许五色的贝壳；西瓜有这样危险的经历，我先前单知道他在水果店里出卖罢了。

"我们沙地里，潮汛要来的时候，就有许多跳鱼儿只是跳，都有青蛙似的两个脚……"

阿！闰土的心里有无穷无尽的希奇的事，都是我往常的朋友所不知道的。他们不知道一些事，闰土在海边时，他们都和我一样只看见院子里高墙上的四角的天空。

可惜正月过去了，闰土须回家里去，我急得大哭，他也躲到厨房里，哭着不肯出门，但终于被他父亲带走了。他后来还托他的父亲带给我一包贝壳和几支很好看的鸟毛，我也曾送他一两次东西，但从此没有再见面。

现在我的母亲提起了他，我这儿时的记忆，忽而全都闪电似的苏生过来，似乎看到了我的美丽的故乡了。我应声说：

"这好极！他，——怎样？……"

"他？……他景况也很不如意……"母亲说着，便向房外看，"这些人又来了。说是买木器，顺手也就随便拿走的，我得去看看。"

母亲站起身，出去了。门外有几个女人的声音。我便招宏儿走近面前，和他闲话：问他可会写字，可愿意出门。

"我们坐火车去么？"

"我们坐火车去。"

"船呢？"

"先坐船，……"

"哈！这模样了！胡子这么长了！"一种尖利的怪声突然大叫起来。

我吃了一吓，赶忙抬起头，却见一个凸颧骨，薄嘴唇，五十岁上下的女人站在我面前，两手搭在髀间，没有系裙，张着两脚，正像一个画图仪器里细脚伶仃的圆规。

我愕然了。

"不认识了么？我还抱过你咧！"

我愈加愕然了。幸而我的母亲也就进来，从旁说：

"他多年出门，统忘却了。你该记得罢，"便向着我说，"这是斜对门的杨二嫂，……开豆腐店的。"

哦，我记得了。我孩子时候，在斜对门的豆腐店里确乎终日坐着一个杨二嫂，人都叫伊"豆腐西施"。但是擦着白粉，颧骨没有这么高，嘴唇也没有这么薄，而且终日坐着，我也从没有见过这圆规式的姿势。那时人说：因为伊，这豆腐店的买卖非常好。但这大约因为年龄的关系，我却并未蒙着一毫感化，所以竟完全忘却了。然而圆规很不平，显出鄙夷的神色，仿佛嗤笑法国人不知道拿破仑，美国人不知道华盛顿似的，冷笑说：

"忘了？这真是贵人眼高……"

"那有这事……我……"我惶恐着，站起来说。

"那么，我对你说。迅哥儿，你阔了，搬动又笨重，你还要什么这些破烂木器，让我拿去罢。我们小户人家，用得着。"

"我并没有阔哩。我须卖了这些，再去……"

"阿呀呀，你放了道台了，还说不阔？你现在有三房姨太太；出门便是八抬的大轿，还说不阔？吓，什么都瞒不过我。"

我知道无话可说了，便闭了口，默默的站着。

"阿呀阿呀，真是愈有钱，便愈是一毫不肯放松，愈是一毫不肯放松，便愈有钱……"圆规一面愤愤的回转身，一面絮絮的说，慢慢向外走，顺便将我母亲的一副手套塞在裤腰里，出去了。

此后又有近处的本家和亲戚来访问我。我一面应酬，偷空便收拾些行李，这样的过了三四天。

一日是天气很冷的午后，我吃过午饭，坐着喝茶，觉得外面有人进来了，便回头去看。我看时，不由的非常出惊，慌忙站起身，迎着走去。

这来的便是闰土。虽然我一见便知道是闰土，但又不是我这记忆上的闰土了。他身材增加了一倍；先前的紫色的圆脸，已经变作灰黄，而且加上了很深的皱纹；眼睛也像他父亲一样，周围都肿得通红，这我知道，在海边种地的人，终日吹着海风，大抵是这样的。他头上是一顶破毡帽，身上只一件极薄的棉衣，浑身瑟索着；手里提着一个纸包和一支长烟管，那手也不是我所记得的红活圆实的手，却又粗又笨而且开裂，像是松树皮了。

我这时很兴奋，但不知道怎么说才好，只是说：

"阿！闰土哥，——你来了？……"

我接着便有许多话，想要连珠一般涌出：角鸡，跳鱼儿，贝壳，猹，……但又总觉得被什么挡着似的，单在脑里面回旋，吐不出口外去。

他站住了，脸上现出欢喜和凄凉的神情；动着嘴唇，却没有作声。他的态度终于恭敬起来了，分明的叫道：

"老爷！……"

我似乎打了一个寒噤；我就知道，我们之间已经隔了一层可悲的厚障壁了。我也说不出话。

他回过头去说，"水生，给老爷磕头。"便拖出躲在背后的孩子来，这正是一个廿年前的闰土，只是黄瘦些，颈子上没有银圈罢了。"这是第五个孩子，没有见过世面，躲躲闪闪……"

母亲和宏儿下楼来了，他们大约也听到了声音。

"老太太。信是早收到了。我实在喜欢的了不得，知道老爷回来……"闰土说。

"阿，你怎的这样客气起来。你们先前不是哥弟称呼么？还是照旧：迅哥儿。"母亲高兴的说。

"阿呀，老太太真是……这成什么规矩。那时是孩子，不懂事……"闰土说着，又叫水生上来打拱，那孩子却害羞，紧紧的只贴在他背后。

"他就是水生？第五个？都是生人，怕生也难怪的；还是宏儿和他去走走。"母亲说。

宏儿听得这话，便来招水生，水生却松松爽爽同他一路出去了。母亲叫闰土坐，他迟疑了一回，终于就了坐，将长烟管靠在桌旁，递过纸包来，说：

"冬天没有什么东西了。这一点干青豆倒是自家晒在那里的，请老爷……"

我问问他的景况。他只是摇头。

"非常难。第六个孩子也会帮忙了，却总是吃不够……又不太平……什么地方都要钱，没有定规……收成又坏。种出东西来，挑去卖，总要捐几回钱，折了本；不去卖，又只能烂掉……"

他只是摇头；脸上虽然刻着许多皱纹，却全然不动，仿佛石像一般。他大约只是觉得苦，却又形容不出，沉默了片时，便拿起烟管来默默的吸烟了。

母亲问他，知道他的家里事务忙，明天便得回去；又没有吃过午饭，便叫他自己到厨下炒饭吃去。

他出去了；母亲和我都叹息他的景况：多子，饥荒，苛税，兵，匪，官，绅，都苦得他像一个木偶人了。母亲对我说，凡是不必搬走的东西，尽可以送他，可以听他自己去拣择。

下午，他拣好了几件东西：两条长桌，四个椅子，一副香炉和烛台，一杆抬秤。他又要所有的草灰（我们这里煮饭是烧稻草的，那灰，可以做沙地的肥料），待我们启程的时候，他用船来载去。

夜间，我们又谈些闲天，都是无关紧要的话；第二天早晨，他就领了水生回去了。

又过了九日，是我们启程的日期。闰土早晨便到了，水生没有同来，却只带着一个五岁的女儿管船只。我们终日很忙碌，再没有谈天的工夫。来客也不少，有送行的，有拿东西的，有送行兼拿东西的。待到傍晚我们上船的时候，这老屋里的所有破旧大小粗细东西，已经一扫而空了。

我们的船向前走，两岸的青山在黄昏中，都装成了深黛颜色，连着退向船后梢去。

宏儿和我靠着船窗，同看外面模糊的风景，他忽然问道：

"大伯！我们什么时候回来？"

"回来？你怎么还没有走就想回来了。"

"可是，水生约我到他家玩去咧……"他睁着大的黑眼睛，痴痴的想。

我和母亲也都有些惘然，于是又提起闰土来。母亲说，那豆腐西施的杨二嫂，自从我家收拾行李以来，本是每日必到的，前天伊在灰堆里，掏出十多个碗碟来，议论之后，便定说是闰土埋着的，他可以在运灰的时候，一齐搬回家里去；杨二嫂发见了这件事，自己很以为功，便拿了那狗气杀（这是我们这里养鸡的器具，木盘上面有着栅栏，内盛食料，鸡可以伸进颈子去啄，狗却不能，只能看着气死），飞也似的跑了，亏伊装着这么高底的小脚，竟跑得这样快。

老屋离我愈远了；故乡的山水也都渐渐远离了我，但我却并不感到怎样的留恋。我只觉得我四面有看不见的高墙，将我隔成孤身，使我非常气闷；那西瓜地上的银项圈的小英雄的影像，我本来十分清楚，现在却忽地模糊了，又使我非常的悲哀。

母亲和宏儿都睡着了。

我躺着，听船底潺潺的水声，知道我在走我的路。我想：我竟与闰土隔绝到这地步了，但我们的后辈还是一气，宏儿不是正在想念水生么。我希望他们不再像我，又大家隔膜起来……然而我又不愿意他们因为要一气，都如我的辛苦展转而生活，也不愿意他们都如闰土的辛苦麻木而生活，也不愿意都如别人的辛苦恣睢而生活。他们应该有新的生活，为我们所未经生活过的。

我想到希望，忽然害怕起来了。闰土要香炉和烛台的时候，我还暗地里笑他，以为他总是崇拜偶像，什么时候都不忘却。现在我所谓希望，不也是我自己手制的偶像么？只是他的愿望切近，我的愿望茫远罢了。

我在朦胧中，眼前展开一片海边碧绿的沙地来，上面深蓝的天空中挂着一轮金黄的圆月。我想：希望是本无所谓有，无所谓无的。这正如地上的路；其实地上本没有路，走的人多了，也便成了路。

一九二一年一月

中国人失掉自信力了吗

鲁迅

统编教材《义务教育教科书 语文 九年级 上册》选录

从公开的文字上看起来：两年以前，我们总自夸着"地大物博"，是事实；不久就不再自夸了，只希望着国联，也是事实；现在是既不夸自己，也不信国联，改为一味求神拜佛，怀古伤今了——却也是事实。

于是有人慨叹曰：中国人失掉自信力了。

如果单据这一点现象而论，自信其实是早就失掉了的。先前信"地"，信"物"，后来信"国联"，都没有相信过"自己"。假使这也算一种"信"，那也只能说中国人曾经有过"他信力"，自从对国联失望之后，便把这他信力都失掉了。

失掉了他信力，就会疑，一个转身，也许能够只相信了自己，倒是一条新生路，但不幸的是逐渐玄虚起来了。信"地"和"物"，还是切实的东西，国联就渺茫，不过这还可以令人不久就省悟到依赖它的不可靠。一到求神拜佛，可就玄虚之至了，有益或是有害，一时就找不出分明的结果来，它可以令人更长久的麻醉着自己。

中国人现在是在发展着"自欺力"。

"自欺"也并非现在的新东西，现在只不过日见其明显，笼罩了一切罢了。然而，在这笼罩之下，我们有并不失掉自信力的中国人在。

我们从古以来，就有埋头苦干的人，有拼命硬干的人，有为民请命的人，有舍身求法的人，……虽是等于为帝王将相作家谱的所谓"正史"，也往往掩不住他们的光耀，这就是中国的脊梁。

这一类的人们，就是现在也何尝少呢？他们有确信，不自欺；他们在前仆后继的战斗，不过一面总在被摧残，被抹杀，消灭于黑暗中，不能为大家所知道罢了。说中国人失掉了自信力，用以指一部分人则可，倘若加于全体，那简直是诬蔑。

要论中国人，必须不被搽在表面的自欺欺人的脂粉所诓骗，却看看他的筋骨和脊梁。自信力的有无，状元宰相的文章是不足为据的，要自己去看地底下。

九月二十五日

孔乙己

鲁迅

统编教材《义务教育教科书 语文 九年级 下册》选录

鲁镇的酒店的格局，是和别处不同的：都是当街一个曲尺形的大柜台，柜里面预备着热水，可以随时温酒。做工的人，傍午傍晚散了工，每每花四文铜钱，买一碗酒，——这是二十多年前的事，现在每碗要涨到十文，——靠柜外站着，热热的喝了休息；倘肯多花一文，便可以买一碟盐煮笋，或者茴香豆，做下酒物了，如果出到十几文，那就能买一样荤菜，但这些顾客，多是短衣帮，大抵没有这样阔绰。只有穿长衫的，才踱进店面隔壁的房子里，要酒要菜，慢慢地坐喝。

我从十二岁起，便在镇口的咸亨酒店里当伙计，掌柜说，样子太傻，怕侍候不了长衫主顾，就在外面做点事罢。外面的短衣主顾，虽然容易说话，但唠唠叨叨缠夹不清的也很不少。他们往往要亲眼看着黄酒从坛子里舀出，看过壶子底里有水没有，又亲看将壶子放在热水里，然后放心：在这严重监督之下，羼水也很为难。所以过了几天，掌柜又说我干不了这事。幸亏荐头的情面大，辞退不得，便改为专管温酒的一种无聊职务了。

我从此便整天的站在柜台里，专管我的职务。虽然没有什么失职，但总觉有些单调，有些无聊。掌柜是一副凶脸孔，主顾也没有好声气，教人活泼不得；只有孔乙己到店，才可以笑几声，所以至今还记得。

孔乙己是站着喝酒而穿长衫的唯一的人。他身材很高大；青白脸色，皱纹间时常夹些伤痕；一部乱蓬蓬的花白的胡子。穿的虽然是长衫，可是又脏又破，似乎十多年没有补，也没有洗。他对人说话，总是满口之乎者也，教人半懂不懂的。因为他姓孔，别人便从描红纸上的"上大人孔乙己"这半懂不懂的话里，替他取下一个绰号，叫作孔乙己。孔乙己一到店，所有喝酒的人便都看着他笑，有的叫道："孔乙己，你脸上又添上新伤疤了！"他不回答，对柜里说："温两碗酒，要一碟茴香豆。"便排出九文大钱。他们又故意的高声嚷道："你一定又偷了人家的东西了！"孔乙己睁大眼睛说："你怎么这样凭空污人清白……""什么清白？我前天亲眼见你偷了何家的书，吊着打。"孔乙己便涨红了脸，额上的青筋条条绽出，争辩道："窃书不能算偷……窃书！……读书人的事，能算偷么？"接连便是难懂的话，什么"君子固穷"，什么"者乎"之类，引得众人都哄笑起来：店内外充满了快活的空气。

听人家背地里谈论，孔乙己原来也读过书，但终于没有进学，又不会营生；于是愈过愈穷，弄到将要讨饭了。幸而写得一笔好字，便替人家钞钞书，换一碗饭吃。可惜他又有一样坏脾气，便是好喝懒做。坐不到几天，便连人和书籍纸张笔砚，一齐失踪。如是几次，叫他钞书的人也没有了。孔乙己没有法，便免不了偶然做些偷窃的事。但他在我们店里，品行却比别人都好，就是从不拖欠；虽然间或没有现钱，暂时记在粉板上，但不出一月，定然还清，从粉板上拭去了孔乙己的名字。

孔乙己喝过半碗酒，涨红的脸色渐渐复了原，旁人便又问道："孔乙己，你当真认识字么？"孔乙己看着问他的人，显出不屑置辩的神气。他们便接着说道："你怎的连半个秀才也捞不到呢？"孔乙己立刻显出颓唐不安模样，脸上笼上了一层灰色，嘴里说些话；这回可是全是之乎者也之类，一些不懂了。在这时候，众人也都哄笑起来：店内外充满了快活的空气。

在这些时候，我可以附和着笑，掌柜是决不责备的。而且掌柜见了孔乙己，也每每这样问他，引人发笑。孔乙己自己知道不能和他们谈天，便只好向孩子说话。有一回对我说道："你读过书么？"我略略点一点头。他说："读过书，……我便考你一考。茴香豆的茴字，怎样写的？"我想，讨饭一样的人，也配考我么？便回过脸去，不再理会。孔乙己等了许久，很恳切的说道："不能写罢？……我教给你，记着！这些字应该记着。将来做掌柜的时候，写账要用。"我暗想我和掌柜的等级还很远呢，而且我们掌柜也从不将茴香豆上账；又好笑，又不耐烦，懒懒的答他道："谁要你教，不是草头底下一个来回的回字么？"孔乙己显出极高兴的样子，将两个指头的长指甲敲着柜台，点头说："对呀对呀！……回字有四样写法，你知道么？"我愈不耐烦了，努着嘴走远。孔乙己刚用指甲蘸了酒，想在柜上写字，见我毫不热心，便又叹一口气，显出极惋惜的样子。

有几回，邻居孩子听得笑声，也赶热闹，围住了孔乙己。他便给他们茴香豆吃，一人一颗。孩子吃完豆，仍然不散，眼睛都望着碟子。孔乙己着了慌，伸开五指将碟子罩住，弯腰下去说道："不多了，我已经不多了。"直起身又看一看豆，自己摇头说："不多不多！多乎哉？不多也。"于是这一群孩子都在笑声里走散了。

孔乙己是这样的使人快活，可是没有他，别人也便这么过。

有一天，大约是中秋前的两三天，掌柜正在慢慢的结账，取下粉板，忽然说，"孔乙己长久没有来了。还欠十九个钱呢！"我才也觉得他的确长久没有来了。一个喝酒的人说道："他怎么会来？……他打折了腿了。"掌柜说："哦！""他总仍旧是偷。这一回，是自己发昏，竟偷到丁举人家里去了。他家的东西，偷得的么？""后来怎么样？""怎么样？先写服辩，后来是打，打了大半夜，再打折了腿。""后来呢？""后来打折了腿了。""打折了怎样呢？""怎样？……谁晓得？许是死了。"掌柜也不再问，仍然慢慢的算他的账。

中秋过后，秋风是一天凉比一天，看看将近初冬；我整天的靠着火，也须穿上棉袄了。一天的下半天，没有一个顾客，我正合了眼坐着。忽然间听得一个声音："温一碗酒。"这声音虽然极低，却很耳熟。看时又全没有人。站起来向外一望，那孔乙己便在柜台下对了门槛坐着。他脸上黑而且瘦，已经不成样子；穿一件破夹袄，盘着两腿，下面垫一个蒲包，用草绳在肩上挂住；见了我，又说道："温一碗酒。"掌柜也伸出头去，一面说："孔乙己么？你还欠十九个钱呢！"孔乙己很颓唐的仰面答道："这……下回还清罢。这一回是现钱，酒要好。"掌柜仍然同平常一样，笑着对他说："孔乙己，你又偷了东西了！"但他这回却不十分分辩，单说了一句"不要取笑！""取笑？要是不偷，怎么会打断腿？"孔乙己低声说道："跌断，跌，跌……"他的眼色，很像恳求掌柜，不要再提。此时已经聚集了几个人，便和掌柜都笑了。我温了酒，端出去，放在门槛上。他从破衣袋里摸出四文大钱，放在我手里，见他满手是泥，原来他便用这手走来的。不一会，他喝完酒，便又在旁人的说笑声中，坐着用这手慢慢走去了。

自此以后，又长久没有看见孔乙己。到了年关，掌柜取下粉板说："孔乙己还欠十九个钱呢！"到第二年的端午，又说："孔乙己还欠十九个钱呢！"到中秋可是没有说，再到年关也没有看见他。

我到现在终于没有见——大约孔乙己的确死了。

一九一九年三月。

拿来主义

鲁迅

统编教材《普通高中教科书 语文 必修 上册》选录

中国一向是所谓"闭关主义",自己不去,别人也不许来。自从给枪炮打破了大门之后,又碰了一串钉子,到现在,成了什么都是"送去主义"了。别的且不说罢,单是学艺上的东西,近来就先送一批古董到巴黎去展览,但终"不知后事如何";还有几位"大师"们捧着几张古画和新画,在欧洲各国一路的挂过去,叫作"发扬国光"。听说不远还要送梅兰芳博士到苏联去,以催进"象征主义",此后是顺便到欧洲传道。我在这里不想讨论梅博士演艺和象征主义的关系。总之,活人替代了古董,我敢说,也可以算得显出一点进步了。

但我们没有人根据了"礼尚往来"的仪节,说道:拿来!

当然，能够只是送出去，也不算坏事情，一者见得丰富，二者见得大度。尼采就自诩过他是太阳，光热无穷，只是给与，不想取得。然而尼采究竟不是太阳，他发了疯。中国也不是，虽然有人说，掘起地下的煤来，就足够全世界几百年之用。但是，几百年之后呢？几百年之后，我们当然是化为魂灵，或上天堂，或落了地狱，但我们的子孙是在的，所以还应该给他们留下一点礼品。要不然，则当佳节大典之际，他们拿不出东西来，只好磕头贺喜，讨一点残羹冷炙做奖赏。

这种奖赏，不要误解为"抛来"的东西，这是"抛给"的，说得冠冕些，可以称之为"送来"，我在这里不想举出实例。

我在这里也并不想对于"送去"再说什么，否则太不"摩登"了。我只想鼓吹我们再吝啬一点，"送去"之外，还得"拿来"，是为"拿来主义"。

但我们被"送来"的东西吓怕了。先有英国的鸦片，德国的废枪炮，后有法国的香粉，美国的电影，日本的印着"完全国货"的各种小东西。于是连清醒的青年们，也对于洋货发生了恐怖。其实，这正是因为那是"送来"的，而不是"拿来"的缘故。

所以我们要运用脑髓，放出眼光，自己来拿！

譬如罢，我们之中的一个穷青年，因为祖上的阴功（姑且让我这么说说罢），得了一所大宅子，且不问他是骗来的，抢来的，或合法继承的，或是做了女婿换来的。那么，怎么办呢？我想，首先是不管三七二十一，"拿来"！但是，如果反对这宅子的旧主人，怕给他的东西染污了，徘徊不敢走进门，是孱头；勃然大怒，放一把火烧光，算是保存自己的清白，则是昏蛋。不过因为原是羡慕这宅子的旧主人的，而这回接受一切，欣欣然的蹩进卧室，大吸剩下的鸦片，那当然更是废物。"拿来主义"者是全不这样的。

他占有，挑选。看见鱼翅，并不就抛在路上以显其"平民化"，只要有养料，也和朋友们像萝卜白菜一样的吃掉，只不用它来宴大宾；看见鸦片，也不当众摔在毛厕里，以见其彻底革命，只送到药房里去，以供治病之用，却不弄"出售存膏，售完即止"的玄虚。只有烟枪和烟灯，虽然形式和印度，波斯，阿剌伯的烟具都不同，确可以算是一种国粹，倘使背着周游世界，一定会有人看，但我想，除了送一点进博物馆之外，其余的是大可以毁掉的了。还有一群姨太太，也大以请她们各自走散为是，要不然，"拿来主义"怕未免有些危机。

总之，我们要拿来。我们要或使用，或存放，或毁灭。那么，主人是新主人，宅子也就会成为新宅子。然而首先要这人沉着，勇猛，有辨别，不自私。没有拿来的，人不能自成为新人，没有拿来的，文艺不能自成为新文艺。

六月四日。

祝福

鲁迅

统编教材《普通高中教科书 语文 必修 下册》选录

旧历的年底毕竟最像年底，村镇上不必说，就在天空中也显出将到新年的气象来。灰白色的沉重的晚云中间时时发出闪光，接着一声钝响，是送灶的爆竹；近处燃放的可就更强烈了，震耳的大音还没有息，空气里已经散满了幽微的火药香。我是正在这一夜回到我的故乡鲁镇的。虽说故乡，然而已没有家，所以只得暂寓在鲁四老爷的宅子里。他是我的本家，比我长一辈，应该称之曰"四叔"，是一个讲理学的老监生。他比先前并没有什么大改变，单是老了些，但也还未留胡子，一见面是寒暄，寒暄之后说我"胖了"，说我"胖了"之后即大骂其新党。但我知道，这并非借题在骂我：因为他所骂的还是康有为。但是，谈话是总不投机的了，于是不多久，我便一个人剩在书房里。

第二天我起得很迟，午饭之后，出去看了几个本家和朋友；第三天也照样。他们也都没有什么大改变，单是老了些；家中却一律忙，都在准备着"祝福"。这是鲁镇年终的大典，致敬尽礼，迎接福神，拜求来年一年中的好运气的。杀鸡，宰鹅，买猪肉，用心细细的洗，女人的臂膊都在水里浸得通红，有的还带着绞丝银镯子。煮熟之后，横七竖八的插些筷子在这类东西上，可就称为"福礼"了，五更天陈列起来，并且点上香烛，恭请福神们来享用；拜的却只限于男人，拜完自然仍然是放爆竹。年年如此，家家如此，——只要买得起福礼和爆竹之类的，——今年自然也如此。天色愈阴暗了，下午竟下起雪来，雪花大的有梅花那么大，满天飞舞，夹着烟霭和忙碌的气色，将鲁镇乱成一团糟。我回到四叔的书房里时，瓦楞上已经雪白，房里也映得较光明，极分明的显出壁上挂着的朱拓的大"寿"字，陈抟老祖写的；一边的对联已经脱落，松松的卷了放在长桌上，一边的还在，道是"事理通达心气和平"。我又无聊赖的到窗下的案头去一翻，只见一堆似乎未必完全的《康熙字典》，一部《近思录集注》和一部《四书衬》。无论如何，我明天决计要走了。

况且，一想到昨天遇见祥林嫂的事，也就使我不能安住。那是下午，我到镇的东头访过一个朋友，走出来，就在河边遇见她；而且见她瞪着的眼睛的视线，就知道明明是向我走来的。我这回在鲁镇所见的人们中，改变之大，可以说无过于她的了：五年前的花白的头发，即今已经全白，全不像四十上下的人；脸上瘦削不堪，黄中带黑，而且消尽了先前悲哀的神色，仿佛是木刻似的；只有那眼珠间或一轮，还可以表示她是一个活物。她一手提着竹篮，内中一个破碗，空的；一手拄着一支比她更长的竹竿，下端开了裂：她分明已经纯乎是一个乞丐了。

我就站住，豫备她来讨钱。

"你回来了？"她先这样问。

"是的。"

"这正好。你是识字的，又是出门人，见识得多。我正要问你一件事——"她那没有精采的眼睛忽然发光了。

我万料不到她却说出这样的话来，诧异的站着。

"就是——"她走近两步，放低了声音，极秘密似的切切的说，"一个人死了之后，究竟有没有魂灵的？"

我很悚然，一见她的眼钉着我的，背上也就遭了芒刺一般，比在学校里遇到不及豫防的临时考，教师又偏是站在身旁的时候，惶急得多了。对于魂灵的有无，我自己是向来毫不介意的；但在此刻，怎样回答她好呢？我在极短期的踌蹰中，想，这里的人照例相信鬼，然而她，却疑惑了，——或者不如说希望：希望其有，又希望其无……。人何必增添末路的人的苦恼，为她起见，不如说有罢。

"也许有罢，——我想。"我于是吞吞吐吐的说。

"那么，也就有地狱了？"

"阿！地狱？"我很吃惊，只得支梧着，"地狱？——论理，就该也有。——然而也未必，……谁来管这等事……。"

"那么，死掉的一家的人，都能见面的？"

"唉唉，见面不见面呢？……"这时我已知道自己也还是完全一个愚人，什么踌躇，什么计画，都挡不住三句问。我即刻胆怯起来了，便想全翻过先前的话来，"那是，……实在，我说不清……。其实，究竟有没有魂灵，我也说不清。"

我乘她不再紧接的问，迈开步便走，匆匆的逃回四叔的家中，心里很觉得不安逸。自己想，我这答话怕于她有些危险。她大约因为在别人的祝福时候，感到自身的寂寞了，然而会不会含有别的什么意思的呢？——或者是有了什么豫感了？倘有别的意思，又因此发生别的事，则我的答话委实该负若干的责任……。但随后也就自笑，觉得偶尔的事，本没有什么深意义，而我偏要细细推敲，正无怪教育家要说是生着神经病；而况明明说过"说不清"，已经推翻了答话的全局，即使发生什么事，于我也毫无关系了。

"说不清"是一句极有用的话。不更事的勇敢的少年，往往敢于给人解决疑问，选定医生，万一结果不佳，大抵反成了怨府，然而一用这说不清来作结束，便事事逍遥自在了。我在这时，更感到这一句话的必要，即使和讨饭的女人说话，也是万不可省的。

但是我总觉得不安，过了一夜，也仍然时时记忆起来，仿佛怀着什么不祥的豫感；在阴沉的雪天里，在无聊的书房里，这不安愈加强烈了。不如走罢，明天进城去。福兴楼的清燉鱼翅，一元一大盘，价廉物美，现在不知增价了否？往日同游的朋友，虽然已经云散，然而鱼翅是不可不吃的，即使只有我一个……。无论如何，我明天决计要走了。

我因为常见些但愿不如所料，以为未必竟如所料的事，却每每恰如所料的起来，所以很恐怕这事也一律。果然，特别的情形开始了。傍晚，我竟听到有些人聚在内室里谈话，仿佛议论什么事似的，但不一会，说话声也就止了，只有四叔且走而且高声的说：

"不早不迟，偏偏要在这时候，——这就可见是一个谬种！"

我先是诧异，接着是很不安，似乎这话于我有关系。试望门外，谁也没有。好容易待到晚饭前他们的短工来冲茶，我才得了打听消息的机会。

"刚才，四老爷和谁生气呢？"我问。

"还不是和祥林嫂？"那短工简捷的说。

"祥林嫂？怎么了？"我又赶紧的问。

"老了。"

"死了？"我的心突然紧缩，几乎跳起来，脸上大约也变了色。但他始终没有抬头，所以全不觉。我也就镇定了自己，接着问：

"什么时候死的？"

"什么时候？——昨天夜里，或者就是今天罢。——我说不清。"

"怎么死的？"

"怎么死的？——还不是穷死的？"他淡然的回答，仍然没有抬头向我看，出去了。

然而我的惊惶却不过暂时的事，随着就觉得要来的事，已经过去，并不必仰仗我自己的"说不清"和他之所谓"穷死的"的宽慰，心地已经渐渐轻松；不过偶然之间，还似乎有些负疚。晚饭摆出来了，四叔俨然的陪着。我也还想打听些关于祥林嫂的消息，但知道他虽然读过"鬼神者二气之良能也"，而忌讳仍然极多，当临近祝福时候，是万不可提起死亡疾病之类的话的；倘不得已，就该用一种替代的隐语，可惜我又不知道，因此屡次想问，而终于中止了。我从他俨然的脸色上，又忽而疑他正以为我不早不迟，偏要在这时候来打搅他，也是一个谬种，便立刻告诉他明天要离开鲁镇，进城去，趁早放宽了他的心。他也不很留。这样闷闷的吃完了一餐饭。

冬季日短，又是雪天，夜色早已笼罩了全市镇。人们都在灯下匆忙，但窗外很寂静。雪花落在积得厚厚的雪褥上面，听去似乎瑟瑟有声，使人更加感得沉寂。我独坐在发出黄光的菜油灯下，想，这百无聊赖的祥林嫂，被人们弃在尘芥堆中的，看得厌倦了的陈旧的玩物，先前还将形骸露在尘芥里，从活得有趣的人们看来，恐怕要怪讶她何以还要存在，现在总算被无常打扫得干干净净了。魂灵的有无，我不知道；然而在现世，则无聊生者不生，即使厌见者不见，为人为己，也还都不错。我静听着窗外似乎瑟瑟作响的雪花声，一面想，反而渐渐的舒畅起来。

然而先前所见所闻的她的半生事迹的断片，至此也联成一片了。

她不是鲁镇人。有一年的冬初，四叔家里要换女工，做中人的卫老婆子带她进来了，头上扎着白头绳，乌裙，蓝夹袄，月白背心，年纪大约二十六七，脸色青黄，但两颊却还是红的。卫老婆子叫她祥林嫂，说是自己母家的邻舍，死了当家人，所以出来做工了。四叔皱了皱眉，四婶已经知道了他的意思，是在讨厌她是一个寡妇。但看她模样还周正，手脚都壮大，又只是顺着眼，不开一句口，很像一个安分耐劳的人，便不管四叔的皱眉，将她留下了。试工期内，她整天的做，似乎闲着就无聊，又有力，简直抵得过一个男子，所以第三天就定局，每月工钱五百文。

大家都叫她祥林嫂；没问她姓什么，但中人是卫家山人，既说是邻居，那大概也就姓卫了。她不很爱说话，别人问了才回答，答的也不多。直到十几天之后，这才陆续的知道她家里还有严厉的婆婆；一个小叔子，十多岁，能打柴了；她是春天没了丈夫的；他本来也打柴为生，比她小十岁：大家所知道的就只是这一点。

日子很快的过去了，她的做工却毫没有懈，食物不论，力气是不惜的。人们都说鲁四老爷家里雇着了女工，实在比勤快的男人还勤快。到年底，扫尘，洗地，杀鸡，宰鹅，彻夜的煮福礼，全是一人担当，竟没有添短工。然而她反满足，口角边渐渐的有了笑影，脸上也白胖了。

新年才过，她从河边淘米回来时，忽而失了色，说刚才远远地看见一个男人在对岸徘徊，很像夫家的堂伯，恐怕是正为寻她而来的。四婶很惊疑，打听底细，她又不说。四叔一知道，就皱一皱眉，道：

"这不好。恐怕她是逃出来的。"

她诚然是逃出来的，不多久，这推想就证实了。

此后大约十几天，大家正已渐渐忘却了先前的事，卫老婆子忽而带了一个三十多岁的女人进来了，说那是祥林嫂的婆婆。那女人虽是山里人模样，然而应酬很从容，说话也能干，寒暄之后，就赔罪，说她特来叫她的儿媳回家去，因为开春事务忙，而家中只有老的和小的，人手不够了。

"既是她的婆婆要她回去，那有什么话可说呢。"四叔说。

于是算清了工钱，一共一千七百五十文，她全存在主人家，一文也还没有用，便都交给她的婆婆。那女人又取了衣服，道过谢，出去了。其时已经是正午。

"阿呀，米呢？祥林嫂不是去淘米的么？……"好一会，四婶这才惊叫起来。她大约有些饿，记得午饭了。

于是大家分头寻淘箩。她先到厨下，次到堂前，后到卧房，全不见淘箩的影子。四叔踱出门外，也不见，直到河边，才见平平正正的放在岸上，旁边还有一株菜。

看见的人报告说，河里面上午就泊了一只白篷船，篷是全盖起来的，不知道什么人在里面，但事前也没有人去理会他。待到祥林嫂出来淘米，刚刚要跪下去，那船里便突然跳出两个男人来，像是山里人，一个抱住她，一个帮着，拖进船去了。祥林嫂还哭喊了几声，此后便再没有什么声息，大约给用什么堵住了罢。接着就走上两个女人来，一个不认识，一个就是卫婆子。窥探舱里，不很分明，她像是捆了躺在船板上。

"可恶！然而……。"四叔说。

这一天是四婶自己煮午饭；他们的儿子阿牛烧火。

午饭之后，卫老婆子又来了。

"可恶！"四叔说。

"你是什么意思？亏你还会再来见我们。"四婶洗着碗，一见面就愤愤的说，"你自己荐她来，又合伙劫她去，闹得沸反盈天的，大家看了成个什么样子？你拿我们家里开玩笑么？"

"阿呀阿呀，我真上当。我这回，就是为此特地来说说清楚的。她来求我荐地方，我那里料得到是瞒着她的婆婆的呢。对不起，四老爷，四太太。总是我老发昏不小心，对不起主顾。幸而府上是向来宽洪大量，不肯和小人计较的。这回我一定荐一个好的来折罪……。"

"然而……。"四叔说。

于是祥林嫂事件便告终结，不久也就忘却了。

只有四婶，因为后来雇用的女工，大抵非懒即馋，或者馋而且懒，左右不如意，所以也还提起祥林嫂。每当这些时候，她往往自言自语的说："她现在不知道怎么样了？"意思是希望她再来。但到第二年的新正，她也就绝了望。

新正将尽，卫老婆子来拜年了，已经喝得醉醺醺的，自说因为回了一趟卫家山的娘家，住下几天，所以来得迟了。她们问答之间，自然就谈到祥林嫂。

“她么？”卫老婆子高兴的说，“现在是交了好运了。她婆婆来抓她回去的时候，是早已许给了贺家墺的贺老六的，所以回家之后不几天，也就装在花轿里抬去了。”

　　“阿呀，这样的婆婆！……”四婶惊奇的说。

　　“阿呀，我的太太！你真是大户人家的太太的话。我们山里人，小户人家，这算得什么？她有小叔子，也得娶老婆。不嫁了她，那有这一注钱来做聘礼？她的婆婆倒是精明强干的女人呵，很有打算，所以就将她嫁到里山去。倘许给本村人，财礼就不多；惟独肯嫁进深山野墺里去的女人少，所以她就到手了八十千。现在第二个儿子的媳妇也娶进了，财礼只花了五十，除去办喜事的费用，还剩十多千。吓，你看，这多么好打算？……”

　　“祥林嫂竟肯依？……”

　　“这有什么依不依。——闹是谁也总要闹一闹的；只要用绳子一捆，塞在花轿里，抬到男家，捺上花冠，拜堂，关上房门，就完事了。可是祥林嫂真出格，听说那时实在闹得利害，大家还都说大约因为在念书人家做过事，所以与众不同呢。太太，我们见得多了：回头人出嫁，哭喊的也有，说要寻死觅活的也有，抬到男家闹得拜不成天地的也有，连花烛都砸了的也有。祥林嫂可是异乎寻常，他们说她一路只是嚎，骂，抬到贺家墺，喉咙已经全哑了。拉出轿来，两个男人和她的小叔子使劲的擒住她也还拜不成天地。他们一不小心，一松手，阿呀，阿弥陀佛，她就一头撞在香案角上，头上碰了一个大窟窿，鲜血直流，用了两把香灰，包上两块红布还止不住血呢。直到七手八脚的将她和男人反关在新房里，还是骂，阿呀呀，这真是……。"她摇一摇头，顺下眼睛，不说了。

"后来怎么样呢？"四婶还问。

"听说第二天也没有起来。"她抬起眼来说。

"后来呢？"

"后来？——起来了。她到年底就生了一个孩子，男的，新年就两岁了。我在娘家这几天，就有人到贺家墺去，回来说看见他们娘儿俩，母亲也胖，儿子也胖；上头又没有婆婆；男人所有的是力气，会做活；房子是自家的。——唉唉，她真是交了好运了。"

从此之后，四婶也就不再提起祥林嫂。

但有一年的秋季，大约是得到祥林嫂好运的消息之后的又过了两个新年，她竟又站在四叔家的堂前了。桌上放着一个荸荠式的圆篮，檐下一个小铺盖。她仍然头上扎着白头绳，乌裙，蓝夹袄，月白背心，脸色青黄，只是两颊上已经消失了血色，顺着眼，眼角上带些泪痕，眼光也没有先前那样精神了。而且仍然是卫老婆子领着，显出慈悲模样，絮絮的对四婶说：

"……这实在是叫作'天有不测风云'，她的男人是坚实人，谁知道年纪青青，就会断送在伤寒上？本来已经好了的，吃了一碗冷饭，复发了。幸亏有儿子；她又能做，打柴摘茶养蚕都来得，本来还可以守着，谁知道那孩子又会给狼衔去的呢？春天快完了，村上倒反来了狼，谁料到？现在她只剩了一个光身了。大伯来收屋，又赶她。她真是走投无路了，只好来求老主人。好在她现在已经再没有什么牵挂，太太家里又凑巧要换人，所以我就领她来。——我想，熟门熟路，比生手实在好得多……。”

“我真傻，真的，”祥林嫂抬起她没有神采的眼睛来，接着说，“我单知道下雪的时候野兽在山墺里没有食吃，会到村里来；我不知道春天也会有。我一清早起来就开了门，拿小篮盛了一篮豆，叫我们的阿毛坐在门槛上剥豆去。他是很听话的，我的话句句听；他出去了。我就在屋后劈柴，淘米，米下了锅，要蒸豆。我叫阿毛，没有应，出去一看，只见豆撒得一地，没有我们的阿毛了。他是不到别家去玩的；各处去一问，果然没有。我急了，央人出去寻。直到下半天，寻来寻去寻到山墺里，看见刺柴上挂着一只他的小鞋。大家都说，糟了，怕是遭了狼了。再进去；他果然躺在草窠里，肚里的五脏已经都给吃空了，手上还紧紧的捏着那只小篮呢。……”她接着但是呜咽，说不出成句的话来。

四婶起初还踌躇，待到听完她自己的话，眼圈就有些红了。她想了一想，便教拿圆篮和铺盖到下房去。卫老婆子仿佛卸了一肩重担似的嘘一口气；祥林嫂比初来时候神气舒畅些，不待指引，自己驯熟的安放了铺盖。她从此又在鲁镇做女工了。

大家仍然叫她祥林嫂。

然而这一回，她的境遇却改变得非常大。上工之后的两三天，主人们就觉得她手脚已没有先前一样灵活，记性也坏得多，死尸似的脸上又整日没有笑影，四婶的口气上，已颇有些不满了。当她初到的时候，四叔虽然照例皱过眉，但鉴于向来雇用女工之难，也就并不大反对，只是暗暗地告诫四婶说，这种人虽然似乎很可怜，但是败坏风俗的，用她帮忙还可以，祭祀时候可用不着她沾手，一切饭菜，只好自己做，否则，不干不净，祖宗是不吃的。

四叔家里最重大的事件是祭祀，祥林嫂先前最忙的时候也就是祭祀，这回她却清闲了。桌子放在堂中央，系上桌帏，她还记得照旧的去分配酒杯和筷子。

"祥林嫂，你放着罢！我来摆。"四婶慌忙的说。

她讪讪的缩了手，又去取烛台。

"祥林嫂，你放着罢！我来拿。"四婶又慌忙的说。

她转了几个圆圈，终于没有事情做，只得疑惑的走开。她在这一天可做的事是不过坐在灶下烧火。

镇上的人们也仍然叫她祥林嫂，但音调和先前很不同；也还和她讲话，但笑容却冷冷的了。她全不理会那些事，只是直着眼睛，和大家讲她自己日夜不忘的故事：

"我真傻，真的，"她说，"我单知道雪天是野兽在深山里没有食吃，会到村里来；我不知道春天也会有。我一大早起来就开了门，拿小篮盛了一篮豆，叫我们的阿毛坐在门槛上剥豆去。他是很听话的孩子，我的话句句听；他就出去了。我就在屋后劈柴，淘米，米下了锅，打算蒸豆。我叫，'阿毛！'没有应。出去一看，只见豆撒得满地，没有我们的阿毛了。各处去一问，都没有。我急了，央人去寻去。直到下半天，几个人寻到山墺里；看见刺柴上挂着一只他的小鞋。大家都说，完了，怕是遭了狼了。再进去；果然，他躺在草窠里，肚里的五脏已经都给吃空了，可怜他手里还紧紧的捏着那只小篮呢。……"她于是淌下眼泪来，声音也呜咽了。

这故事倒颇有效，男人听到这里，往往敛起笑容，没趣的走了开去；女人们却不独宽恕了她似的，脸上立刻改换了鄙薄的神气，还要陪出许多眼泪来。有些老女人没有在街头听到她的话，便特意寻来，要听她这一段悲惨的故事。直到她说到呜咽，她们也就一齐流下那停在眼角上的眼泪，叹息一番，满足的去了，一面还纷纷的评论着。

她就只是反复的向人说她悲惨的故事，常常引住了三五个人来听她。但不久，大家也都听得纯熟了，便是最慈悲的念佛的老太太们，眼里也再不见有一点泪的痕迹。后来全镇的人们几乎都能背诵她的话，一听到就烦厌得头痛。

"我真傻，真的。"她开首说。

"是的，你是单知道雪天野兽在深山里没有食吃，才会到村里来的。"他们立即打断她的话，走开去了。

她张着口怔怔的站着，直着眼睛看他们，接着也就走了，似乎自己也觉得没趣。但她还妄想，希图从别的事，如小篮，豆，别人的孩子上，引出她的阿毛的故事来。倘一看见两三岁的小孩子，她就说：

"唉唉，我们的阿毛如果还在，也就有这么大了。……"

孩子看见她的眼光就吃惊，牵着母亲的衣襟催她走。于是又只剩下她一个，终于没趣的也走了。后来大家又都知道了她的脾气，只要有孩子在眼前，便似笑非笑的先问她，道：

"祥林嫂，你们的阿毛如果还在，不是也就有这么大了么？"

她未必知道她的悲哀经大家咀嚼赏鉴了许多天，早已成为渣滓，只值得烦厌和唾弃；但从人们的笑影上，也仿佛觉得这又冷又尖，自己再没有开口的必要了。她单是一瞥他们，并不回答一句话。

鲁镇永远是过新年，腊月二十以后就忙起来了。四叔家里这回须雇男短工，还是忙不过来，另叫柳妈做帮手，杀鸡，宰鹅；然而柳妈是善女人，吃素，不杀生的，只肯洗器皿。祥林嫂除烧火之外，没有别的事，却闲着了，坐着只看柳妈洗器皿。微雪点点的下来了。

"唉唉，我真傻。"祥林嫂看了天空，叹息着，独语似的说。

"祥林嫂，你又来了。"柳妈不耐烦的看着她的脸，说，"我问你：你额角上的伤疤，不就是那时撞坏的么？"

"唔唔。"她含胡的回答。

"我问你：你那时怎么后来竟依了呢？"

"我么？……"

"你呀。我想：这总是你自己愿意了，不然……。"

"阿阿，你不知道他力气多么大呀。"

"我不信。我不信你这么大的力气，真会拗他不过。你后来一定是自己肯了，倒推说他力气大。"

"阿阿，你……你倒自己试试看。"她笑了。

柳妈的打皱的脸也笑起来，使她蹙缩得像一个核桃；干枯的小眼睛一看祥林嫂的额角，又钉住她的眼。祥林嫂似乎很局促了，立刻敛了笑容，旋转眼光，自去看雪花。

"祥林嫂，你实在不合算。"柳妈诡秘的说，"再一强，或者索性撞一个死，就好了。现在呢，你和你的第二个男人过活不到两年，倒落了一件大罪名。你想，你将来到阴司去，那两个死鬼的男人还要争，你给了谁好呢？阎罗大王只好把你锯开来，分给他们。我想，这真是……。"

她脸上就显出恐怖的神色来，这是在山村里所未曾知道的。

"我想，你不如及早抵当。你到土地庙里去捐一条门槛，当作你的替身，给千人踏，万人跨，赎了这一世的罪名，免得死了去受苦。"

她当时并不回答什么话，但大约非常苦闷了，第二天早上起来的时候，两眼上便都围着大黑圈。早饭之后，她便到镇的西头的土地庙里去求捐门槛。庙祝起初执意不允许，直到她急得流泪，才勉强答应了。价目是大钱十二千。

她久已不和人们交口，因为阿毛的故事是早被大家厌弃了的；但自从和柳妈谈天，似乎又即传扬开去，许多人都发生了新趣味，又来逗她说话了。至于题目，那自然是换了一个新样，专在她额上的伤疤。

"祥林嫂，我问你：你那时怎么竟肯了？"一个说。

"唉，可惜，白撞了这一下。"一个看着她的疤，应和道。

她大约从他们的笑容和声调上，也知道是在嘲笑她，所以总是瞪着眼睛，不说一句话，后来连头也不回了。她整日紧闭了嘴唇，头上带着大家以为耻辱的记号的那伤痕，默默的跑街，扫地，洗菜，淘米。快够一年，她才从四婶手里支取了历来积存的工钱，换算了十二元鹰洋，请假到镇的西头去。但不到一顿饭时候，她便回来，神气很舒畅，眼光也分外有神，高兴似的对四婶说，自己已经在土地庙捐了门槛了。

冬至的祭祖时节，她做得更出力，看四婶装好祭品，和阿牛将桌子抬到堂屋中央，她便坦然的去拿酒杯和筷子。

"你放着罢，祥林嫂！"四婶慌忙大声说。

她像是受了炮烙似的缩手，脸色同时变作灰黑，也不再去取烛台，只是失神的站着。直到四叔上香的时候，教她走开，她才走开。这一回她的变化非常大，第二天，不但眼睛窈陷下去，连精神也更不济了。而且很胆怯，不独怕暗夜，怕黑影，即使看见人，虽是自己的主人，也总惴惴的，有如在白天出穴游行的小鼠；否则呆坐着，直是一个木偶人。不半年，头发也花白起来了，记性尤其坏，甚而至于常常忘却了去淘米。

"祥林嫂怎么这样了？倒不如那时不留她。"四婶有时当面就这样说，似乎是警告她。

然而她总如此，全不见有怜悧起来的希望。他们于是想打发她走了，教她回到卫老婆子那里去。但当我还在鲁镇的时候，不过单是这样说；看现在的情状，可见后来终于实行了。然而她是从四叔家出去就成了乞丐的呢，还是先到卫老婆子家然后再成乞丐的呢？那我可不知道。

我给那些因为在近旁而极响的爆竹声惊醒，看见豆一般大的黄色的灯火光，接着又听得毕毕剥剥的鞭炮，是四叔家正在"祝福"了；知道已是五更将近时候。我在蒙胧中，又隐约听到远处的爆竹声联绵不断，似乎合成一天音响的浓云，夹着团团飞舞的雪花，拥抱了全市镇。我在这繁响的拥抱中，也懒散而且舒适，从白天以至初夜的疑虑，全给祝福的空气一扫而空了，只觉得天地圣众歆享了牲醴和香烟，都醉醺醺的在空中蹒跚，豫备给鲁镇的人们以无限的幸福。

　　　　　　　　　　　　　　　　　一九二四年二月七日。

记念刘和珍君

鲁迅

统编教材《普通高中教科书 语文 选择性必修 中册》选录

一

中华民国十五年三月二十五日，就是国立北京女子师范大学为十八日在段祺瑞执政府前遇害的刘和珍杨德群两君开追悼会的那一天，我独在礼堂外徘徊，遇见程君，前来问我道，"先生可曾为刘和珍写了一点什么没有？"我说"没有"。她就正告我，"先生还是写一点罢；刘和珍生前就很爱看先生的文章。"

这是我知道的，凡我所编辑的期刊，大概是因为往往有始无终之故罢，销行一向就甚为寥落，然而在这样的生活艰难中，毅然预定了《莽原》全年的就有她。我也早觉得有写一点东西的必要了，这虽然于死者毫不相干，但在生者，却大抵只能如此而已。倘使我能够相信真有所谓"在天之灵"，那自然可以得到更大的安慰，——但是，现在，却只能如此而已。

可是我实在无话可说。我只觉得所住的并非人间。四十多个青年的血，洋溢在我的周围，使我艰于呼吸视听，那里还能有什么言语？长歌当哭，是必须在痛定之后的。而此后几个所谓学者文人的阴险的论调，尤使我觉得悲哀。我已经出离愤怒了。我将深味这非人间的浓黑的悲凉；以我的最大哀痛显示于非人间，使它们快意于我的苦痛，就将这作为后死者的菲薄的祭品，奉献于逝者的灵前。

二

真的猛士，敢于直面惨淡的人生，敢于正视淋漓的鲜血。这是怎样的哀痛者和幸福者？然而造化又常常为庸人设计，以时间的流驶，来洗涤旧迹，仅使留下淡红的血色和微漠的悲哀。在这淡红的血色和微漠的悲哀中，又给人暂得偷生，维持着这似人非人的世界。我不知道这样的世界何时是一个尽头！

我们还在这样的世上活着；我也早觉得有写一点东西的必要了。离三月十八日也已有两星期，忘却的救主快要降临了罢，我正有写一点东西的必要了。

三

在四十余被害的青年之中，刘和珍君是我的学生。学生云者，我向来这样想，这样说，现在却觉得有些踌躇了，我应该对她奉献我的悲哀与尊敬。她不是"苟活到现在的我"的学生，是为了中国而死的中国的青年。

她的姓名第一次为我所见，是在去年夏初杨荫榆女士做女子师范大学校长，开除校中六个学生自治会职员的时候。其中的一个就是她；但是我不认识。直到后来，也许已经是刘百昭率领男女武将，强拖出校之后了，才有人指着一个学生告诉我，说：这就是刘和珍。其时我才能将姓名和实体联合起来，心中却暗自诧异。我平素想，能够不为势利所屈，反抗一广有羽翼的校长的学生，无论如何，总该是有些桀骜锋利的，但她却常常微笑着，态度很温和。待到偏安于宗帽胡同，赁屋授课之后，她才始来听我的讲义，于是见面的回数就较多了，也还是始终微笑着，态度很温和。待到学校恢复旧观，往日的教职员以为责任已尽，准备陆续引退的时候，我才见她虑及母校前途，黯然至于泣下。此后似乎就不相见。总之，在我的记忆上，那一次就是永别了。

四

我在十八日早晨，才知道上午有群众向执政府请愿的事；下午便得到噩耗，说卫队居然开枪，死伤至数百人，而刘和珍君即在遇害者之列。但我对于这些传说，竟至于颇为怀疑。我向来是不惮以最坏的恶意，来推测中国人的，然而我还不料，也不信竟会下劣凶残到这地步。况且始终微笑着的和蔼的刘和珍君，更何至于无端在府门前喋血呢？

然而即日证明是事实了，作证的便是她自己的尸骸。还有一具，是杨德群君的。而且又证明着这不但是杀害，简直是虐杀，因为身体上还有棍棒的伤痕。

但段政府就有令，说她们是"暴徒"！

但接着就有流言，说她们是受人利用的。

惨象，已使我目不忍视了；流言，尤使我耳不忍闻。我还有什么话可说呢？我懂得衰亡民族之所以默无声息的缘由了。沉默呵，沉默呵！不在沉默中爆发，就在沉默中灭亡。

五

但是，我还有要说的话。

我没有亲见；听说，她，刘和珍君，那时是欣然前往的。自然，请愿而已，稍有人心者，谁也不会料到有这样的罗网。但竟在执政府前中弹了，从背部入，斜穿心肺，已是致命的创伤，只是没有便死。同去的张静淑君想扶起她，中了四弹，其一是手枪，立仆；同去的杨德群君又想去扶起她，也被击，弹从左肩入，穿胸偏右出，也立仆。但她还能坐起来，一个兵在她头部及胸部猛击两棍，于是死掉了。

始终微笑的和蔼的刘和珍君确是死掉了，这是真的，有她自己的尸骸为证；沉勇而友爱的杨德群君也死掉了，有她自己的尸骸为证；只有一样沉勇而友爱的张静淑君还在医院里呻吟。当三个女子从容地转辗于文明人所发明的枪弹的攒射中的时候，这是怎样的一个惊心动魄的伟大呵！中国军人的屠戮妇婴的伟绩，八国联军的惩创学生的武功，不幸全被这几缕血痕抹杀了。

但是中外的杀人者却居然昂起头来，不知道个个脸上有着血污……。

六

时间永是流驶，街市依旧太平，有限的几个生命，在中国是不算什么的，至多，不过供无恶意的闲人以饭后的谈资，或者给有恶意的闲人作"流言"的种子。至于此外的深的意义，我总觉得很寥寥，因为这实在不过是徒手的请愿。人类的血战前行的历史，正如煤的形成，当时用大量的木材，结果却只是一小块，但请愿是不在其中的，更何况是徒手。

然而既然有了血痕了，当然不觉要扩大。至少，也当浸渍了亲族，师友，爱人的心，纵使时光流驶，洗成绯红，也会在微漠的悲哀中永存微笑的和蔼的旧影。陶潜说过，"亲戚或余悲，他人亦已歌，死去何所道，托体同山阿。"倘能如此，这也就够了。

七

　　我已经说过：我向来是不惮以最坏的恶意来推测中国人的。但这回却很有几点出于我的意外。一是当局者竟会这样地凶残，一是流言家竟至如此之下劣，一是中国的女性临难竟能如是之从容。

　　我目睹中国女子的办事，是始于去年的，虽然是少数，但看那干练坚决，百折不回的气概，曾经屡次为之感叹。至于这一回在弹雨中互相救助，虽殒身不恤的事实，则更足为中国女子的勇毅，虽遭阴谋诡计，压抑至数千年，而终于没有消亡的明证了。倘要寻求这一次死伤者对于将来的意义，意义就在此罢。

　　苟活者在淡红的血色中，会依稀看见微茫的希望；真的猛士，将更奋然而前行。

　　呜呼，我说不出话，但以此记念刘和珍君！

　　　　　　　　　　　　　　　　　　四月一日。

为了忘却的记念

鲁迅

统编教材《普通高中教科书 语文 选择性必修 中册》选录

一

　　我早已想写一点文字，来记念几个青年的作家。这并非为了别的，只因为两年以来，悲愤总时时来袭击我的心，至今没有停止，我很想借此算是竦身一摇，将悲哀摆脱，给自己轻松一下，照直说，就是我倒要将他们忘却了。

　　两年前的此时，即一九三一年的二月七日夜或八日晨，是我们的五个青年作家同时遇害的时候。当时上海的报章都不敢载这件事，或者也许是不愿，或不屑载这件事，只在《文艺新闻》上有一点隐约其辞的文章。那第十一期（五月二十五日）里，有一篇林莽先生作的《白莽印象记》，中间说：

"他做了好些诗，又译过匈牙利诗人彼得斐的几首诗，当时的《奔流》的编辑者鲁迅接到了他的投稿，便来信要和他会面，但他却是不愿见名人的人，结果是鲁迅自己跑来找他，竭力鼓励他作文学的工作，但他终于不能坐在亭子间里写，又去跑他的路了。不久，他又一次的被了捕。……"

这里所说的我们的事情其实是不确的。白莽并没有这么高慢，他曾经到过我的寓所来，但也不是因为我要求和他会面；我也没有这么高慢，对于一位素不相识的投稿者，会轻率的写信去叫他。我们相见的原因很平常，那时他所投的是从德文译出的《彼得斐传》，我就发信去讨原文，原文是载在诗集前面的，邮寄不便，他就亲自送来了。看去是一个二十多岁的青年，面貌很端正，颜色是黑黑的，当时的谈话我已经忘却，只记得他自说姓徐，象山人；我问他为什么代你收信的女士是这么一个怪名字（怎么怪法，现在也忘却了），他说她就喜欢起得这么怪，罗曼谛克，自己也有些和她不大对劲了。就只剩了这一点。

夜里，我将译文和原文粗粗的对了一遍，知道除几处误译之外，还有一个故意的曲译。他像是不喜欢"国民诗人"这个字的，都改成"民众诗人"了。第二天又接到他一封来信，说很悔和我相见，他的话多，我的话少，又冷，好像受了一种威压似的。我便写一封回信去解释，说初次相会，说话不多，也是人之常情，并且告诉他不应该由自己的爱憎，将原文改变。因为他的原书留在我这里了，就将我所藏的两本集子送给他，问他可能再译几首诗，以供读者的参看。他果然译了几首，自己拿来了，我们就谈得比第一回多一些。这传和诗，后来就都登在《奔流》第二卷第五本，即最末的一本里。

我们第三次相见，我记得是在一个热天。有人打门了，我去开门时，来的就是白莽，却穿着一件厚棉袍，汗流满面，彼此都不禁失笑。这时他才告诉我他是一个革命者，刚由被捕而释出，衣服和书籍全被没收了，连我送他的那两本；身上的袍子是从朋友那里借来的，没有夹衫，而必须穿长衣，所以只好这么出汗。我想，这大约就是林莽先生说的"又一次的被了捕"的那一次了。

我很欣幸他的得释，就赶紧付给稿费，使他可以买一件夹衫，但一面又很为我的那两本书痛惜：落在捕房的手里，真是明珠投暗了。那两本书，原是极平常的，一本散文，一本诗集，据德文译者说，这是他搜集起来的，虽在匈牙利本国，也还没有这么完全的本子，然而印在《莱克朗氏万有文库》（Reclam's Universal-Bibliothek）中，倘在德国，就随处可得，也值不到一元钱。不过在我是一种宝贝，因为这是三十年前，正当我热爱彼得斐的时候，特地托丸善书店从德国去买来的，那时还恐怕因为书极便宜，店员不肯经手，开口时非常惴惴。后来大抵带在身边，只是情随事迁，已没有翻译的意思了，这回便决计送给这也如我的那时一样，热爱彼得斐的诗的青年，算是给它寻得了一个好着落。所以还郑重其事，托柔石亲自送去的。谁料竟会落在"三道头"之类的手里的呢，这岂不冤枉！

二

我的决不邀投稿者相见，其实也并不完全因为谦虚，其中含着省事的分子也不少。由于历来的经验，我知道青年们，尤其是文学青年们，十之九是感觉很敏，自尊心也很旺盛的，一不小心，极容易得到误解，所以倒是故意回避的时候多。见面尚且怕，更不必说敢有托付了。但那时我在上海，也有一个惟一的不但敢于随便谈笑，而且还敢于托他办点私事的人，那就是送书去给白莽的柔石。

我和柔石最初的相见，不知道是何时，在那里。他仿佛说过，曾在北京听过我的讲义，那么，当在八九年之前了。我也忘记了在上海怎么来往起来。总之，他那时住在景云里，离我的寓所不过四五家门面，不知怎么一来，就来往起来了。大约最初的一回他就告诉我是姓赵，名平复。但他又曾谈起他家乡的豪绅的气焰之盛，说是有一个绅士，以为他的名字好，要给儿子用，叫他不要用这名字了。所以我疑心他的原名是"平福"，平稳而有福，才正中乡绅的意，对于"复"字却未必有这么热心。他的家乡，是台州的宁海，这只要一看他那台州式的硬气就知道，而且颇有点迂，有时会令我忽而想到方孝孺，觉得好像也有些这模样的。

他躲在寓里弄文学，也创作，也翻译，我们往来了许多日，说得投合起来了，于是另外约定了几个同意的青年，设立朝华社。目的是在绍介东欧和北欧的文学，输入外国的版画，因为我们都以为应该来扶植一点刚健质朴的文艺。接着就印《朝花旬刊》，印《近代世界短篇小说集》，印《艺苑朝华》，算都在循着这条线，只有其中的一本《蕗谷虹儿画选》，是为了扫荡上海滩上的"艺术家"，即戳穿叶灵凤这纸老虎而印的。

然而柔石自己没有钱，他借了二百多块钱来做印本。除买纸之外，大部分的稿子和杂务都是归他做，如跑印刷局，制图，校字之类。可是往往不如意，说起来皱着眉头。看他旧作品，都很有悲观的气息，但实际上并不然，他相信人们是好的。我有时谈到人会怎样的骗人，怎样的卖友，怎样的吮血，他就前额亮晶晶的，惊疑地圆睁了近视的眼睛，抗议道，"会这样的么？——不至于此罢？……"

不过朝华社不久就倒闭了，我也不想说清其中的原因，总之是柔石的理想的头，先碰了一个大钉子，力气固然白化，此外还得去借一百块钱来付纸账。后来他对于我那"人心惟危"说的怀疑减少了，有时也叹息道，"真会这样的么？……"但是，他仍然相信人们是好的。

他于是一面将自己所应得的朝华社的残书送到明日书店和光华书局去，希望还能够收回几文钱，一面就拼命的译书，准备还借款，这就是卖给商务印书馆的《丹麦短篇小说集》和戈理基作的长篇小说《阿尔泰莫诺夫之事业》。但我想，这些译稿，也许去年已被兵火烧掉了。

他的迂渐渐的改变起来，终于也敢和女性的同乡或朋友一同去走路了，但那距离，却至少总有三四尺的。这方法很不好，有时我在路上遇见他，只要在相距三四尺前后或左右有一个年青漂亮的女人，我便会疑心就是他的朋友。但他和我一同走路的时候，可就走得近了，简直是扶住我，因为怕我被汽车或电车撞死；我这面也为他近视而又要照顾别人担心，大家都苍皇失措的愁一路，所以倘不是万不得已，我是不大和他一同出去的，我实在看得他吃力，因而自己也吃力。

无论从旧道德，从新道德，只要是损己利人的，他就挑选上，自己背起来。

他终于决定地改变了，有一回，曾经明白的告诉我，此后应该转换作品的内容和形式。我说：这怕难罢，譬如使惯了刀的，这回要他耍棍，怎么能行呢？他简洁的答道：只要学起来！

他说的并不是空话，真也在从新学起来了，其时他曾经带了一个朋友来访我，那就是冯铿女士。谈了一些天，我对于她终于很隔膜，我疑心她有点罗曼谛克，急于事功；我又疑心柔石的近来要做大部的小说，是发源于她的主张的。但我又疑心我自己，也许是柔石的先前的斩钉截铁的回答，正中了我那其实是偷懒的主张的伤疤，所以不自觉地迁怒到她身上去了。——我其实也并不比我所怕见的神经过敏而自尊的文学青年高明。

她的体质是弱的，也并不美丽。

三

直到左翼作家联盟成立之后，我才知道我所认识的白莽，就是在《拓荒者》上做诗的殷夫。有一次大会时，我便带了一本德译的，一个美国的新闻记者所做的中国游记去送他，这不过以为他可以由此练习德文，另外并无深意。然而他没有来。我只得又托了柔石。

但不久，他们竟一同被捕，我的那一本书，又被没收，落在"三道头"之类的手里了。

四

明日书店要出一种期刊，请柔石去做编辑，他答应了；书店还想印我的译著，托他来问版税的办法，我便将我和北新书局所订的合同，抄了一份交给他，他向衣袋里一塞，匆匆的走了。其时是一九三一年一月十六日的夜间，而不料这一去，竟就是我和他相见的末一回，竟就是我们的永诀。

第二天，他就在一个会场上被捕了，衣袋里还藏着我那印书的合同，听说官厅因此正在找寻我。印书的合同，是明明白白的，但我不愿意到那些不明不白的地方去辩解。记得《说岳全传》里讲过一个高僧，当追捕的差役刚到寺门之前，他就"坐化"了，还留下什么"何立从东来，我向西方走"的偈子。这是奴隶所幻想的脱离苦海的惟一的好方法，"剑侠"盼不到，最自在的惟此而已。我不是高僧，没有涅槃的自由，却还有生之留恋，我于是就逃走。

这一夜，我烧掉了朋友们的旧信札，就和女人抱着孩子走在一个客栈里。不几天，即听得外面纷纷传我被捕，或是被杀了，柔石的消息却很少。有的说，他曾经被巡捕带到明日书店里，问是否是编辑；有的说，他曾经被巡捕带往北新书局去，问是否是柔石，手上上了铐，可见案情是重的。但怎样的案情，却谁也不明白。

他在囚系中，我见过两次他写给同乡的信，第一回是这样的——

"我与三十五位同犯（七个女的）于昨日到龙华。并于昨夜上了镣，开政治犯从未上镣之纪录。此案累及太大，我一时恐难出狱，书店事望兄为我代办之。现亦好，且跟殷夫兄学德文，此事可告周先生；望周先生勿念，我等未受刑。捕房和公安局，几次问周先生地址，但我那里知道。诸望勿念。祝好！

赵少雄一月二十四日。"

以上正面。

"洋铁饭碗，要二三只
如不能见面，可将东西
望转交赵少雄"

以上背面。

他的心情并未改变，想学德文，更加努力；也仍在记念我，像在马路上行走时候一般。但他信里有些话是错误的，政治犯而上镣，并非从他们开始，但他向来看得官场还太高，以为文明至今，到他们才开始了严酷。其实是不然的。果然，第二封信就很不同，措词非常惨苦，且说冯女士的面目都浮肿了，可惜我没有抄下这封信。其时传说也更加纷繁，说他可以赎出的也有，说他已经解往南京的也有，毫无确信；而用函电来探问我的消息的也多起来，连母亲在北京也急得生病了，我只得——发信去更正，这样的大约有二十天。

天气愈冷了，我不知道柔石在那里有被褥不？我们是有的。洋铁碗可曾收到了没有？……但忽然得到一个可靠的消息，说柔石和其他二十三人，已于二月七日夜或八日晨，在龙华警备司令部被枪毙了，他的身上中了十弹。

原来如此！……

在一个深夜里，我站在客栈的院子中，周围是堆着的破烂的什物；人们都睡觉了，连我的女人和孩子。我沉重的感到我失掉了很好的朋友，中国失掉了很好的青年，我在悲愤中沉静下去了，然而积习却从沉静中抬起头来，凑成了这样的几句：

> 惯于长夜过春时，挈妇将雏鬓有丝。
> 梦里依稀慈母泪，城头变幻大王旗。
> 忍看朋辈成新鬼，怒向刀丛觅小诗。
> 吟罢低眉无写处，月光如水照缁衣。

但末二句，后来不确了，我终于将这写给了一个日本的歌人。

可是在中国，那时是确无写处的，禁锢得比罐头还严密。我记得柔石在年底曾回故乡，住了好些时，到上海后很受朋友的责备。他悲愤的对我说，他的母亲双眼已经失明了，要他多住几天，他怎么能够就走呢？我知道这失明的母亲的眷眷的心，柔石的拳拳的心。当《北斗》创刊时，我就想写一点关于柔石的文章，然而不能够，只得选了一幅珂勒惠支（Käthe Kollwitz）夫人的木刻，名曰《牺牲》，是一个母亲悲哀地献出她的儿子去的，算是只有我一个人心里知道的柔石的记念。

同时被难的四个青年文学家之中，李伟森我没有会见过，胡也频在上海也只见过一次面，谈了几句天。较熟的要算白莽，即殷夫了，他曾经和我通过信，投过稿，但现在寻起来，一无所得，想必是十七那夜统统烧掉了，那时我还没有知道被捕的也有白莽。然而那本《彼得斐诗集》却在的，翻了一遍，也没有什么，只在一首《Wahlspruch》（格言）的旁边，有钢笔写的四行译文道：

"生命诚宝贵，

爱情价更高；

若为自由故，

二者皆可抛！"

又在第二叶上，写着"徐培根"三个字，我疑心这是他的真姓名。

五

前年的今日，我避在客栈里，他们却是走向刑场了；去年的今日，我在炮声中逃在英租界，他们则早已埋在不知那里的地下了；今年的今日，我才坐在旧寓里，人们都睡觉了，连我的女人和孩子。我又沉重的感到我失掉了很好的朋友，中国失掉了很好的青年，我在悲愤中沉静下去了，不料积习又从沉静中抬起头来，写下了以上那些字。

要写下去，在中国的现在，还是没有写处的。年青时读向子期《思旧赋》，很怪他为什么只有寥寥的几行，刚开头却又煞了尾。然而，现在我懂得了。

不是年青的为年老的写记念，而在这三十年中，却使我目睹许多青年的血，层层淤积起来，将我埋得不能呼吸，我只能用这样的笔墨，写几句文章，算是从泥土中挖一个小孔，自己延口残喘，这是怎样的世界呢。夜正长，路也正长，我不如忘却，不说的好罢。但我知道，即使不是我，将来总会有记起他们，再说他们的时候的。……

二月七——八日。

阿 Q 正传（节选）

鲁迅

统编教材《普通高中教科书 语文 选择性必修 下册》选录

第二章 优胜记略

阿 Q 不独是姓名籍贯有些渺茫，连他先前的"行状"也渺茫。因为未庄的人们之于阿 Q，只要他帮忙，只拿他玩笑，从来没有留心他的"行状"的。而阿 Q 自己也不说，独有和别人口角的时候，间或瞪着眼睛道：

"我们先前——比你阔的多啦！你算是什么东西！"

阿 Q 没有家，住在未庄的土谷祠里；也没有固定的职业，只给人家做短工，割麦便割麦，舂米便舂米，撑船便撑船。工作略长久时，他也或住在临时主人的家里，但一完就走了。所以，人们忙碌的时候，也还记起阿Q来，然而记起的是做工，并不是"行状"；一闲空，连阿Q都早忘却，更不必说"行状"了。只是有一回，有一个老头子颂扬说："阿Q真能做！"这时阿Q赤着膊，懒洋洋的瘦伶仃的正在他面前，别人也摸不着这话是真心还是讥笑，然而阿Q很喜欢。

阿Q又很自尊，所有未庄的居民，全不在他眼睛里，甚而至于对于两位"文童"也有以为不值一笑的神情。夫文童者，将来恐怕要变秀才者也；赵太爷钱太爷大受居民的尊敬，除有钱之外，就因为都是文童的爹爹，而阿Q在精神上独不表格外的崇奉，他想：我的儿子会阔得多啦！加以进了几回城，阿Q自然更自负，然而他又很鄙薄城里人，譬如用三尺长三寸宽的木板做成的凳子，未庄叫"长凳"，他也叫"长凳"，城里人却叫"条凳"，他想：这是错的，可笑！油煎大头鱼，未庄都加上半寸长的葱叶，城里却加上切细的葱丝，他想：这也是错的，可笑！然而未庄人真是不见世面的可笑的乡下人呵，他们没有见过城里的煎鱼！

阿Q"先前阔"，见识高，而且"真能做"，本来几乎是一个"完人"了，但可惜他体质上还有一些缺点。最恼人的是在他头皮上，颇有几处不知起于何时的癞疮疤。这虽然也在他身上，而看阿Q的意思，倒也似乎以为不足贵的，因为他讳说"癞"以及一切近于"赖"的音，后来推而广之，"光"也讳，"亮"也讳，再后来，连"灯""烛"都讳了。一犯讳，不问有心与无心，阿Q便全疤通红的发起怒来，估量了对手，口讷的他便骂，气力小的他便打；然而不知怎么一回事，总还是阿Q吃亏的时候多。于是他渐渐的变换了方针，大抵改为怒目而视了。

谁知道阿Q采用怒目主义之后，未庄的闲人们便愈喜欢玩笑他。一见面，他们便假作吃惊的说：

"哙，亮起来了。"

阿Q照例的发了怒，他怒目而视了。

"原来有保险灯在这里！"他们并不怕。

阿Q没有法，只得另外想出报复的话来：

"你还不配……"这时候，又仿佛在他头上的是一种高尚的光荣的癞头疮，并非平常的癞头疮了；但上文说过，阿Q是有见识的，他立刻知道和"犯忌"有点抵触，便不再往底下说。

闲人还不完，只撩他，于是终而至于打。阿Q在形式上打败了，被人揪住黄辫子，在壁上碰了四五个响头，闲人这才心满意足的得胜的走了，阿Q站了一刻，心里想，"我总算被儿子打了，现在的世界真不像样……"于是也心满意足的得胜的走了。

阿Q想在心里的，后来每每说出口来，所以凡有和阿Q玩笑的人们，几乎全知道他有这一种精神上的胜利法，此后每逢揪住他黄辫子的时候，人就先一着对他说：

"阿Q，这不是儿子打老子，是人打畜生。自己说：人打畜生！"

阿Q两只手都捏住了自己的辫根，歪着头，说道：

"打虫豸，好不好？我是虫豸——还不放么？"

　　但虽然是虫豸，闲人也并不放，仍旧在就近什么地方给他碰了五六个响头，这才心满意足的得胜的走了，他以为阿Q这回可遭了瘟。然而不到十秒钟，阿Q也心满意足的得胜的走了，他觉得他是第一个能够自轻自贱的人，除了"自轻自贱"不算外，余下的就是"第一个"。状元不也是"第一个"么？"你算是什么东西"呢!？

　　阿Q以如是等妙法克服怨敌之后，便愉快的跑到酒店里喝几碗酒，又和别人调笑一通，口角一通，又得了胜，愉快的回到土谷祠，放倒头睡着了。假使有钱，他便去押牌宝，一堆人蹲在地面上，阿Q即汗流满面的夹在这中间，声音他最响：

　　"青龙四百！"

　　"咳~~开~~啦！"桩家揭开盒子盖，也是汗流满面的唱。"天门啦~~角回啦~~！人和穿堂空在那里啦~~！阿Q的铜钱拿过来~~！"

　　"穿堂一百——一百五十！"

　　阿Q的钱便在这样的歌吟之下，渐渐的输入别个汗流满面的人物的腰间。他终于只好挤出堆外，站在后面看，替别人着急，一直到散场，然后恋恋的回到土谷祠，第二天，肿着眼睛去工作。

　　但真所谓"塞翁失马安知非福"罢，阿Q不幸而赢了一回，他倒几乎失败了。

　　这是未庄赛神的晚上。这晚上照例有一台戏，戏台左近，也照例有许多的赌摊。做戏的锣鼓，在阿Q耳朵里仿佛在十里之外；他只听得桩家的歌唱了。他赢而又赢，铜钱变成角洋，角洋变成大洋，大洋又成了叠。他兴高采烈得非常：

"天门两块！"

他不知道谁和谁为什么打起架来了。骂声打声脚步声，昏头昏脑的一大阵，他才爬起来，赌摊不见了，人们也不见了，身上有几处很似乎有些痛，似乎也挨了几拳几脚似的，几个人诧异的对他看。他如有所失的走进土谷祠，定一定神，知道他的一堆洋钱不见了。赶赛会的赌摊多不是本村人，还到那里去寻根柢呢？

很白很亮的一堆洋钱！而且是他的——现在不见了！说是算被儿子拿去了罢，总还是忽忽不乐；说自己是虫豸罢，也还是忽忽不乐：他这回才有些感到失败的苦痛了。

但他立刻转败为胜了。他擎起右手，用力的在自己脸上连打了两个嘴巴，热剌剌的有些痛；打完之后，便心平气和起来，似乎打的是自己，被打的是别一个自己，不久也就仿佛是自己打了别个一般，——虽然还有些热剌剌，——心满意足的得胜的躺下了。

他睡着了。

第三章　续优胜记略

然而阿Q虽然常优胜，却直待蒙赵太爷打他嘴巴之后，这才出了名。

他付过地保二百文酒钱，愤愤的躺下了，后来想："现在的世界太不成话，儿子打老子……"于是忽而想到赵太爷的威风，而现在是他的儿子了，便自己也渐渐的得意起来，爬起身，唱着《小孤孀上坟》到酒店去。这时候，他又觉得赵太爷高人一等了。

说也奇怪，从此之后，果然大家也仿佛格外尊敬他。这在阿Q，或者以为因为他是赵太爷的父亲，而其实也不然。未庄通例，倘如阿七打阿八，或者李四打张三，向来本不算一件事，必须与一位名人如赵太爷者相关，这才载上他们的口碑。一上口碑，则打的既有名，被打的也就托庇有了名。至于错在阿Q，那自然是不必说。所以者何？就因为赵太爷是不会错的。但他既然错，为什么大家又仿佛格外尊敬他呢？这可难解，穿凿起来说，或者因为阿Q说是赵太爷的本家，虽然挨了打，大家也还怕有些真，总不如尊敬一些稳当。否则，也如孔庙里的太牢一般，虽然与猪羊一样，同是畜生，但既经圣人下箸，先儒们便不敢妄动了。

阿Q此后倒得意了许多年。

有一年的春天，他醉醺醺的在街上走，在墙根的日光下，看见王胡在那里赤着膊捉虱子，他忽然觉得身上也痒起来了。这王胡，又癞又胡，别人都叫他王癞胡，阿Q却删去了一个癞字，然而非常渺视他。阿Q的意思，以为癞是不足为奇的，只有这一部络腮胡子，实在太新奇，令人看不上眼。他于是并排坐下去了。倘是别的闲人们，阿Q本不敢大意坐下去。但这王胡旁边，他有什么怕呢？老实说：他肯坐下去，简直还是抬举他。

阿Q也脱下破夹袄来，翻检了一回，不知道因为新洗呢还是因为粗心，许多工夫，只捉到三四个。他看那王胡，却是一个又一个，两个又三个，只放在嘴里毕毕剥剥的响。

阿Q最初是失望，后来却不平了：看不上眼的王胡尚且那么多，自己倒反这样少，这是怎样的大失体统的事呵！他很想寻一两个大的，然而竟没有，好容易才捉到一个中的，恨恨的塞在厚嘴唇里，狠命一咬，劈的一声，又不及王胡响。

他癞疮疤块块通红了，将衣服摔在地上，吐一口唾沫，说："这毛虫！"

"癞皮狗，你骂谁？"王胡轻蔑的抬起眼来说。

阿Q近来虽然比较的受人尊敬，自己也更高傲些，但和那些打惯的闲人们见面还胆怯，独有这回却非常武勇了。这样满脸胡子的东西，也敢出言无状么？

"谁认便骂谁！"他站起来，两手叉在腰间说。

"你的骨头痒了么？"王胡也站起来，披上衣服说。

阿Q以为他要逃了，抢进去就是一拳。这拳头还未达到身上，已经被他抓住了，只一拉，阿Q跟跟跄跄的跌进去，立刻又被王胡扭住了辫子，要拉到墙上照例去碰头。

"'君子动口不动手'！"阿Q歪着头说。

王胡似乎不是君子，并不理会，一连给他碰了五下，又用力的一推，至于阿Q跌出六尺多远，这才满足的去了。

在阿Q的记忆上，这大约要算是生平第一件的屈辱，因为王胡以络腮胡子的缺点，向来只被他奚落，从没有奚落他，更不必说动手了。而他现在竟动手，很意外，难道真如市上所说，皇帝已经停了考，不要秀才和举人了，因此赵家减了威风，因此他们也便小觑了他么？

阿Q无可适从的站着。

远远的走来了一个人，他的对头又到了。这也是阿Q最厌恶的一个人，就是钱太爷的大儿子。他先前跑上城里去进洋学堂，不知怎么又跑到东洋去了，半年之后他回到家里来，腿也直了，辫子也不见了，他的母亲大哭了十几场，他的老婆跳了三回井。后来，他的母亲到处说，"这辫子是被坏人灌醉了酒剪去的。本来可以做大官，现在只好等留长再说了。"然而阿Q不肯信，偏称他"假洋鬼子"，也叫作"里通外国的人"，一见他，一定在肚子里暗暗的咒骂。

阿Q尤其"深恶而痛绝之"的，是他的一条假辫子。辫子而至于假，就是没有了做人的资格；他的老婆不跳第四回井，也不是好女人。

这"假洋鬼子"近来了。

"秃儿。驴……"阿Q历来本只在肚子里骂，没有出过声，这回因为正气忿，因为要报仇，便不由的轻轻的说出来了。

不料这秃儿却拿着一支黄漆的棍子——就是阿Q所谓哭丧棒——大踏步走了过来。阿Q在这刹那，便知道大约要打了，赶紧抽紧筋骨，耸了肩膀等候着，果然，拍的一声，似乎确凿打在自己头上了。

"我说他！"阿Q指着近旁的一个孩子，分辩说。

拍！拍拍！

在阿Q的记忆上，这大约要算是生平第二件的屈辱。幸而拍拍的响了之后，于他倒似乎完结了一件事，反而觉得轻松些，而且"忘却"这一件祖传的宝贝也发生了效力，他慢慢的走，将到酒店门口，早已有些高兴了。

但对面走来了静修庵里的小尼姑。阿Q便在平时，看见伊也一定要唾骂，而况在屈辱之后呢？他于是发生了回忆，又发生了敌忾了。

"我不知道我今天为什么这样晦气，原来就因为见了你！"他想。

他迎上去，大声的吐一口唾沫：

"咳，呸！"

小尼姑全不睬，低了头只是走。阿Q走近伊身旁，突然伸出手去摩着伊新剃的头皮，呆笑着，说：

"秃儿！快回去，和尚等着你……"

"你怎么动手动脚……"尼姑满脸通红的说，一面赶快走。

酒店里的人大笑了。阿Q看见自己的勋业得了赏识，便愈加兴高采烈起来：

"和尚动得，我动不得？"他扭住伊的面颊。

酒店里的人大笑了。阿Q更得意，而且为满足那些赏鉴家起见，再用力的一拧，才放手。

他这一战，早忘却了王胡，也忘却了假洋鬼子，似乎对于今天的一切"晦气"都报了仇；而且奇怪，又仿佛全身比拍拍的响了之后更轻松，飘飘然的似乎要飞去了。

"这断子绝孙的阿Q！"远远地听得小尼姑的带哭的声音。

"哈哈哈！"阿Q十分得意的笑。

"哈哈哈！"酒店里的人也九分得意的笑。

刘小川